美しいもの

赤木明登

写真／小泉佳春

新潮社

美しいものって何だろう

まえがき

思う力

海岸に流れ着いた流木や河原の石っころ。そんなものにどうしても見惚れてしまって、一度手に取ると離しがたくなる。僕もこの石っころのように静かで美しいものを作りたいと想う。だけど悲しいことに僕の作り出したものはどこまでも人工のものでしかない。流れる雲、葉っぱ、雷、ふりしきる雪、一匹の虫、立ち枯れた木、砂の一粒から満天の星まで、なぜ自然のすべてはこんなにも美しいのだろう。そこには命があるから。命があるということは、バラバラではないということ。バラバラではないということはすべてが繋がっているということ。今日咲いた花、土の中のみみず、宇宙にある太陽その一つ一つ、そして生と死という時間、すべてが連続している。この世で唯一繋がっていないものは、人間がこの百年くらいで作り出したもの。だから人間はすごいのかもしれない。しかしそのバラバラさはエスカレートするばかり。だから醜い。いまだに手で物を作ってる人たちでさえ、他と違った何か新しいという変てこりんで醜いものを作り出そうと馬鹿な努力をしている。もう人間は、自然の懐に抱かれては生きていけないように、自然にある物と同じ物を人間が作り出すことはできない。だが人間に唯一与えられた能力がある。思う力だ。そして思いは必ず実現する。私たちは、長い間自然に美しさを感じ、それを自分が作る物の中に写し取ろうとしてきた。まだ人間が宇宙や自然としっかりと繋がっていた時代には、人間が作った道具もちゃんと繋がっていた。そんな道具は、今でも美しい。僕はもうバラバラになってしまって宇宙とも自然とも繋がっていないけれども、まだ何が美しいかぐらいははっきりわかる。それを思う力もちゃんとある。僕は今、心から美しいものを作りたいと思う。人が見ている物、人が毎日使っている物は、人を幸せにできると信じている。バラバラになった僕が美しいものと出会い癒されたように。(『工房からの風』一九九六年より)

これは、今からちょうど十年前、ある展覧会のために僕自身が書いたものです。自分で言うのも何ですが、今ではこんな瑞々しい文章を書くことが出来なくなってしまった気がします。この十年間、僕は変わることなく、漆塗りの器を、毎日の暮らしの中で使ってもらうために作り続けてきました。そして、作れば作るほど、作ることの意味が、美しいものを作ろうと思えば思うほど、美しいということの意味が、わからなくなって、呆然としてしまうのです。そんな時は、この文章に立ち返ります。また時間を作っては、友人を訪ねて問いかけるのです。

「美しいものって何だろう」と。

「僕たちはどうして作り続けるのだろう」と。

もちろん答えはすぐには返ってきません。そもそも答えなんかありません。でも、僕が問いかけるたびに、どの友人も真摯に向き合って、いっしょに何かを探そうとしてくれるのです。そして、そこから何かが始まるのです。

この本は、この十年ほどの間に、友人たちと過ごした素晴らしい時間と、そこから新たに紡ぎ出された物語の記録です。

目次

デザイン／山口デザイン事務所　山口信博＋大野あかり
写真／小泉佳春

暮しが仕事
仕事が暮し

器をつくる人
小野哲平
服をつくる人
早川ゆみ

一九八〇年代、小野一家は、愛知県常滑市の郊外に住んでいた。まだまわりは自然の残る丘陵だったが、やがて開発されて緑が消えていった。そのころ僕たちは新宿で出会う。哲平さんは駆け出しの陶芸家で、のちに僕の奥さんになる人が企画する工芸画廊で展覧会をしていた。僕は新人編集者。何年かたって万博と空港ができる前に、家族は南国・土佐の深い山の中に住まいを移した。同じころ僕は、編集者から輪島の塗師へと転身した。年に何度か互いの家を訪ね、いっしょにご飯を食べる、そして大切な話をする。そんな習慣が、今も続いている。

わたしたちは宇宙のまんなかに住んでいる

日本の田舎には二通りあって、都会に憧れ、ここには何もないと思っている田舎と、ここそが世界の中心だと思っている田舎。高知という所は、どちらかというと世界の中心の方で、その、これまたドイナカの山の中に彼らは暮らしている。かつて住居のあったこの土地には、すでに母屋はなく、古い蔵と土塀、石垣が遺されていた。まず一九九七年に工房を建て、屋根裏を仮の住まいとした。その五年後、母屋があったであろう場所に、住宅を建てた。谷間をぬうような細道を登っていくと、標高四五〇メートルという山の中の見事な棚田のてっぺんに、その家はあった。寄せ棟で、間取りはこれぞシンプルの極み。玄関を入るといきなり二〇畳もある広い板の間で、そのつきあたりが台所。三方に大きな窓があって、遠くの山並みが見わたせる。この入り口と台所の間のひとつづきになった空間で、僕たちと哲平さんたちの家族が、のんびり一日を過ごすことになる。

今日はいっしょにめしを食うのだ

　僕たち家族が到着して落ち着いたころ、ゆみちゃんが、ブンタンという高知特産のミカンの皮をむいて出してくれた。

「ゆみ、いちいち皮をむいてあげることはないよ」と怒る哲平さん。

「私は皮をむくのが好きなんだからいいじゃない」

「そんなわけない、ゆみは、かっこうつけてんだよ」

「私、本当に好きなんだって！」

「ウソだぁ、なら何でいつもは、オレにむいてくれたりしないわけ？」と、すねている。

　この日、バイクのことで哲平さんとケンカして、小さな家出をしていた長男の象平くん（十六歳）が帰ってきた。夕方から始まった餃子作りにひょっこりと顔を出し、自分流のやり方で具を包み始めた。相変わらず、哲平さんとは口をきかないけれど。食事は、家族全員でいつも作る。そして食べる。

暮らしのひとつひとつをいつくしむ

畑っておもしろい。誰も、畑で何か表現しようなんて思っていないのに、どこかその人が出てくる。ゆみちゃんの畑は、草ぼうぼう、どこに何が植わっているか本人にしかわからない。ゆみちゃんの畑は、ゆみちゃんのように、ナゾに満ちている。

朝いちばん、哲平さんの言うことをよくきいてくれる唯一の友である洗濯機、が回り始める。この仕事だけは、誰にも譲れない。

夕方、風呂場の煙突から煙が上がった。風呂炊き、この仕事も哲平さんは誰にも譲らない。

「似顔絵描きます。一枚十円」と、次男の鯛くん（八歳）の字で玄関に張り紙があった。お客さんが多いのに誰も小遣いをくれない。僕の家の子どもたちと共通の悩みを彼は抱えていた。

何もないけれど何かがある　そんなものをいつかは作りたい

何でもないけれど、いいものを作ろうと思っているんだけど、それはとても難しい。ワイヤブラシでひっかいて、荒い刷毛目を残したり、粉引に斑に鉄分を吹き出させたり、どこか器としての力強さとか、哲平さんらしさを表現してしまう。一度、そういうのを全部やめて、何にもないものに挑戦してみたら、どこかもの足りない感じがして、とりあえず撤退した。僕は、今のままで、自然に、哲平さんらしくやっていればいいと思う。

一方ゆみちゃんは、こんなに世の中、シンプルでミニマムなのがいいと言われているのに、花柄の中に水玉が混じっていて、さらに色々くっついているような服を作るのが楽しくて、やめられないのがおもしろい。それが台所にも暮らしにもそのまま出ている。布は、東南アジアへの旅で見つけたものや古着からとったものを使っている。基本は、自分の着るもの、そして家族の着るものを作ること。自分のものは、絹のふんどし風下着までお手製。

見えないけれど感じるもの

哲平さんとゆみちゃんに最初に出会ったのは、新宿でギャラリーをやっていた僕の奥さんで、ともに二十代半ば、かれこれ二十年以上のつきあいになる。

これまで何度か夕食に訪ねて、手作り餃子をごちそうになったことがある。といっても全員参加の餃子作りで、小麦粉の団子を丸める人、それを麺棒でのばす人、できた皮で具を包む人、焼く人、茹でる人、蒸す人、何もしない人、ただ飲んでる僕、手伝えョと文句を言う人。役割が分かれ、作っているうちに、お腹が空いて待ちきれず、できたのから食べ始めて、飲んで、会話がはずむ。

僕たちの会話は、子どものこと、畑のことから、やがて夜も更けて、やはり器やもの作りのことになる。僕も一応、器を作る人なので、いい器、美しい器っていったいなんだろうと、常々考えている。そろそろそんな話でも聞いてみようかな。

「ねえ、哲平、イイ器ってどんなんだろう」

「それはネ、こもっているんだよ」

「なにが？」

「それは、見えるものじゃなくて、感じるものなんだよ」

「なにを？」

「それは、僕とか……あなたとか……なんだけど……」

　哲平さんは、語彙が少ないので、その含蓄するところを解読するのが大変だ。以前、僕が輪島の仲間たちとやっているギャラリーで、彼の展覧会を開いたとき、ＤＭに何か文章を書こうと、取材をしたけれど、結局、解読に行き詰まり、そのまんま載せてしまった文章がある。

さわれたり　みれたり　するものじゃなくて　かんじているもの　それはなにかといえば
ぼくだったり　あなただったり　することだけど　それが　いちばんだいじ

めしをつくる　せんたくしたり　そうじしたり　こどもといっしょにいる
そういうこととおなじように　ものをつくる

それを読んだある禅寺のお坊さんが、「これはすごいことを言っている」と、言ったとか。「そうかぁ？」とも思いつつ、僕もどこかで納得している。

今回は、出かける前に「美しいものって何か、ちゃんとまとめておくように」と、お願いしておいたので、二人は、田んぼのあぜ道をてくてく散歩しながら、いろいろ考えてくれたそうだ。

「結局、美しい心が大切なんだよ」

　と、夫婦そろってのお答え。

「でもさ、僕の友だちで、とってもいい人がいて、やきものを作っているけれど、作っているものは、とってもつまらない、そんなのどうなの？」

「それは、きっとパイプが詰まっていて、上手く出ないいんじゃないかな」

「じゃあ、僕の知っている人で、とてもイイ湯呑みを気に入って使っていて、あんまりそれがイイもんで、どうしても作った人に会いたくなって、わざわざ訪ねてみたら、その人がものすごくイヤな人だった。それで、帰ってからその湯呑みを叩き割って、捨てちゃったと言うんだけど、そんなのは？」

「…………」

やはり、美しい心が美しい器に出てくるという説は、にわかには信じがたい。それでも「美しい心」なるものが大切だという二人。実は僕もそう思う。人にしても、物にしても、向き合う相手と気持ちいい関係をつむぐ。それが、美しさにつながるということかなぁ。

一九八〇年代、哲平さんは愛知県常滑市で仕事をしていた。まだ二十代で、作品を発表し始めたとき、やきものは形とか色とか目に見える美しさだけではなく、そこにこめられているメッセージが大切だと考えていた。そのメッセージは、反原発だったり、やきものに関して言えば、商業的にこびたものや、茶陶のような権威的なものに対する反発だったりしたようだ。当時の哲平さんは、眉間にしわよせて、眼の力が強く、「この人、怒ってんの？」と、いつもまわりの人に思われていた。それが高知に移り、四十を越えた頃から変わってきた。これをカドがとれたというのか？　作品の方も、器に電線が埋め込んであったり、やたら重くてとんがっていて、持つのも大変であったりと、今から思い返すと、「二十代は恥ずかしい」と、本人。

「でも、どうしてそんなに変わったの？」と、聞きながら、全然変わっていないと思っている僕。

そのころから、哲平さんたちは家族で東南アジアの国々を旅するようになった。そして、タイやマレーシアのアーティストたちと出会い、現地でやきものも焼くようになった。アジアの作家たちからは、経済的、政治的、文化的、様々なメッセージがほとばしり出ていた。にしても、日本というゆるーいところで、もの作りをしている哲平さんの作品にこめるものはなんだったのか？

旅の中で、自分のもの作りの根拠が見えなくなったと哲平さんは言う。

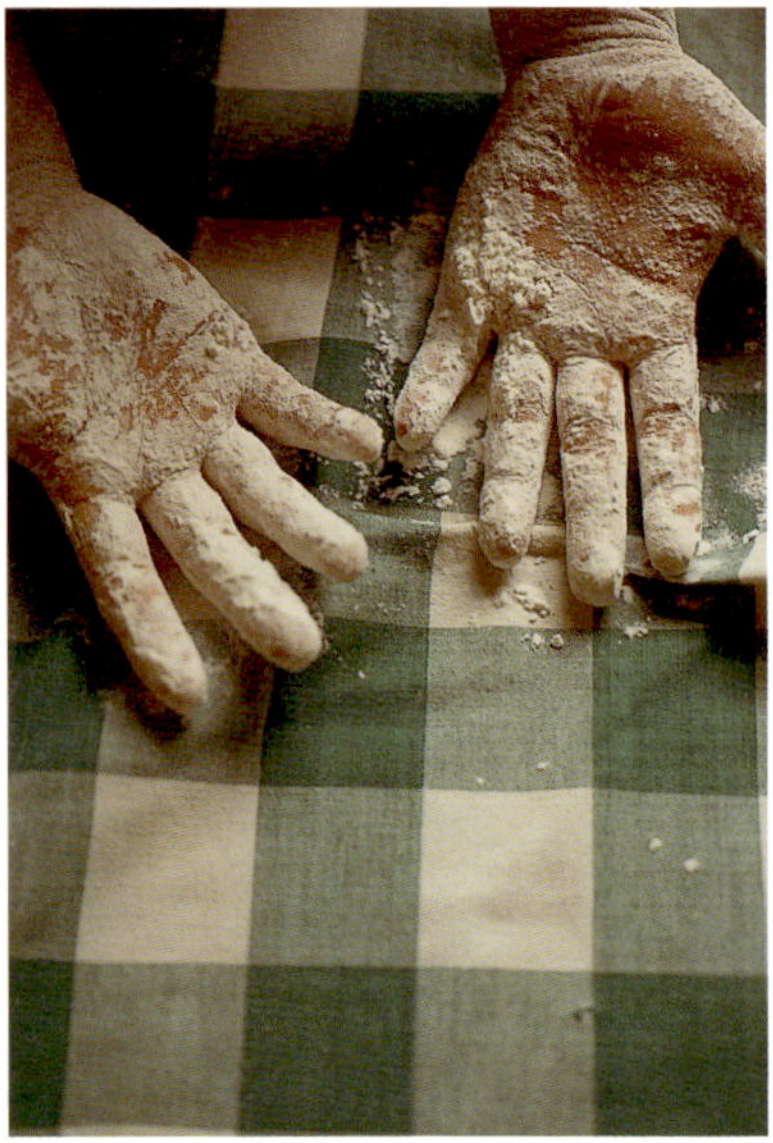

蔘鷄

そんなダンナを、ほっこりとなごませてくれたのが、ゆみちゃんの存在だ。「ご飯を作るのが好き。畑をするのが好き。ちくちくと縫いものをするのが好き」なんだって。まず、自分たち家族が、当たり前の暮らしを当たり前のことにしたい。他人に自分たちの勝手なメッセージを伝えようとしたり、考えの違う人を敵にして対決したりすること自体がもう古いやり方なんじゃないかな。「そんなことにエネルギー使うよりも、まず、自分たちがほっこりして優しい気持ちでいればいい。そうすれば、まわりからジワッと和んでくるのよ」と、ニコニコするゆみちゃんに、「世の中そんなに甘くはないよ」と、哲平さん。

さて、餃子作りをしている広い板の間の奥にもう一つ部屋がある。ここは、東向きの畳敷きで、家族の寝室になる。そこに、一枚の額。河井寛次郎の版画で、「暮しが仕事　仕事が暮し」と書かれている。

「これは？」

「若い頃に親父がくれたんだけど、そのまま押入の中に放っておいたのを、ある日思い出して飾ったんだ」

民芸というのはこういうコトだったのか。

そういうわけで、哲平さんの作る器にも、ゆみちゃんの服にも、彼らの暮らしや生き方みたいなのが自然と入っている。作っているときに、何かこめてやろうと力んでいるわけではないけれどね。

結局何がよくて、何が美しいのかは、よく解らないけれど、確かなのは、二人が、自分たちの作るものから、優しい気持ちみたいなのを誰かに伝えられると信じていて、使ってくれる人にそう感じて欲しいと、強く願っているということだ。

哲平さんたちが言うように、美しい心や、美しい暮らしが、美しいものを作り出すきっかけになっているとしたら、彼らは、それを実現している希有な存在なのかもしれない。もちろん、美しいかどうかという感覚は、人それぞれのものだと知りながら、あえてそう言ってみたい気持ちになって高知をあとにした。

静かな音楽

つのだたかし
リュート奏者

東京から北西に外れて、ここは埼玉県所沢市。駅前のビルの中に、松明堂という名の古楽好きに知られた小さな音楽ホールがあるのをご存じだろうか。地下へ続く長い階段を下りて、大きな扉をくぐり、静かに並んだ木の椅子に腰掛ける。それだけでなんだか今日の演奏会が楽しみになってくる美しい空間だ。ここの設計段階からお手伝いをしたというリュート奏者のつのださんの住まいもすぐ近くにあった。古楽は、近代クラシック音楽が成立する以前のヨーロッパ音楽。リュートは、シェークスピアが活躍した時代、宮廷で愛された楽器の一つだ。

演奏家の人柄を感じることができる音楽ホール

つのだきんの音楽をよーく聴くと、ストラクチャーがくっきりしていて、けっこう論理的なんだなぁと思う。でもそれがスクエアな感じにならず、奥行きのようになっているのがスゴイ。それは、下に流れるしっかりしたものの上に、センチメンタルな部分がたくさん載っかっているからか。僕は、輪島の工房で漆を塗っているとき、つのだきんの音楽を聴きながら、「ぬりものもかくありたい」と祈るのだ。

そして、こんなホールが近くにあったらなぁと、いつも願っているのが松明堂音楽ホールだ。定員は八四人。椅子のデザインや壁のブロンズ彫刻は、つのだきんの友人で染色家の望月通陽《みちあき》さんが手がけた。

つのだきんの弾くリュートは日本の琵琶の遠い親戚にあたる古い楽器で、ルネッサンスからバロックの時代、ヨーロッパで流行した。

時空間を超えて音楽とともにやってきた小物たち

李朝粉引の小鉢、小さな白磁の合子《ごうす》、見込に目跡の残る愛らしい皿、オランダ白釉《はくゆう》の絵の具入れ、土物のちいさな醤油さしは日本職人の手練れか。現代作家ものの中からも静けさを漂わせる白磁と白釉ばかりを選ぶ。バリ島で買った飴色の小壺、イギリスのボタン掛け金具、世田谷ボロ市で買った真鍮《しんちゅう》の灰ならし、ヨーロッパ古代のコイン、螺鈿《らでん》で作られたヴィクトリア朝の名刺入れ、テムズ川の干潟で拾い集めた古釘、オランダの染付小皿、キタローネやバロックギターなどの古楽器。酒に酔い落として割ってしまい僕が金継ぎを引き受けた盃。洋の東西南北国籍を問わず、過去から現代に突き抜けて時代を問わず、音楽とともに時空をさまよう放浪者、つのだたかしの元に集まった小物たちが、自宅に飾られている。白だけど白じゃない。錆びた金属の味わい。美しいと思うこと自体が美しいよね。

食べ物も音楽も人を幸せにするためにあるのです

一九九四年、千葉にある美術館「as it is」の開館記念のコンサートに参加したのは、僕の奥さんで、つのださんのリュートと、波多野睦美さんの声が、呼吸を合わせて始まった瞬間、高い天井から金色の光が降りそそいでくるように感じたという。それを聞いて、ならばぜひ僕たちの住む街でもコンサートをお願いしようと電話した。

「はい、能登半島？　ですか。旨い酒と魚があるのなら行きましょうか」ということで、以来、年に一度、能登のどこかで演奏を聴けるようになった。もちろん、この演奏会、魚が一番旨い季節に限る。そのあとの飲み会で、人を楽しませる芸を用意してきたりするシャイでおどけた人柄にこそ、つのだ古楽の本質があらわれているんじゃないかな。

人を幸せにする芸術家は、来客には寿司を握って振る舞う。寿司職人の修行ももちろん怠りはない。つのだ家の台所は「as it is」と同じ中村好文さんの設計。

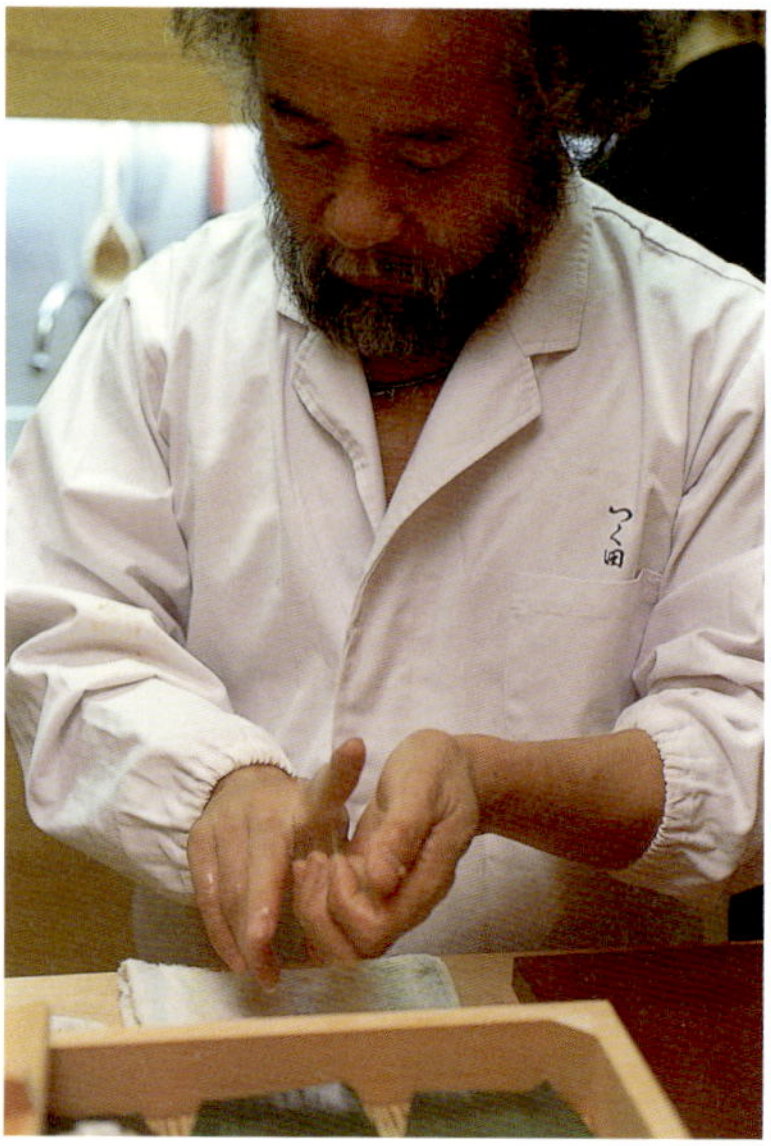

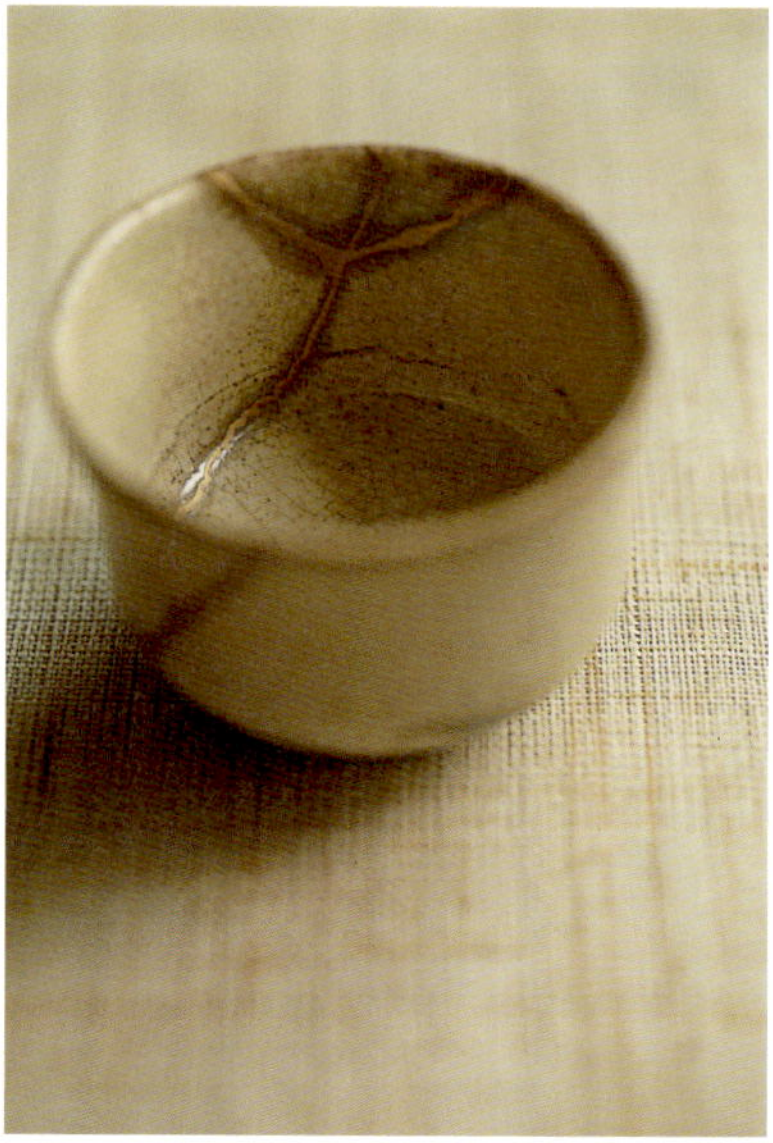

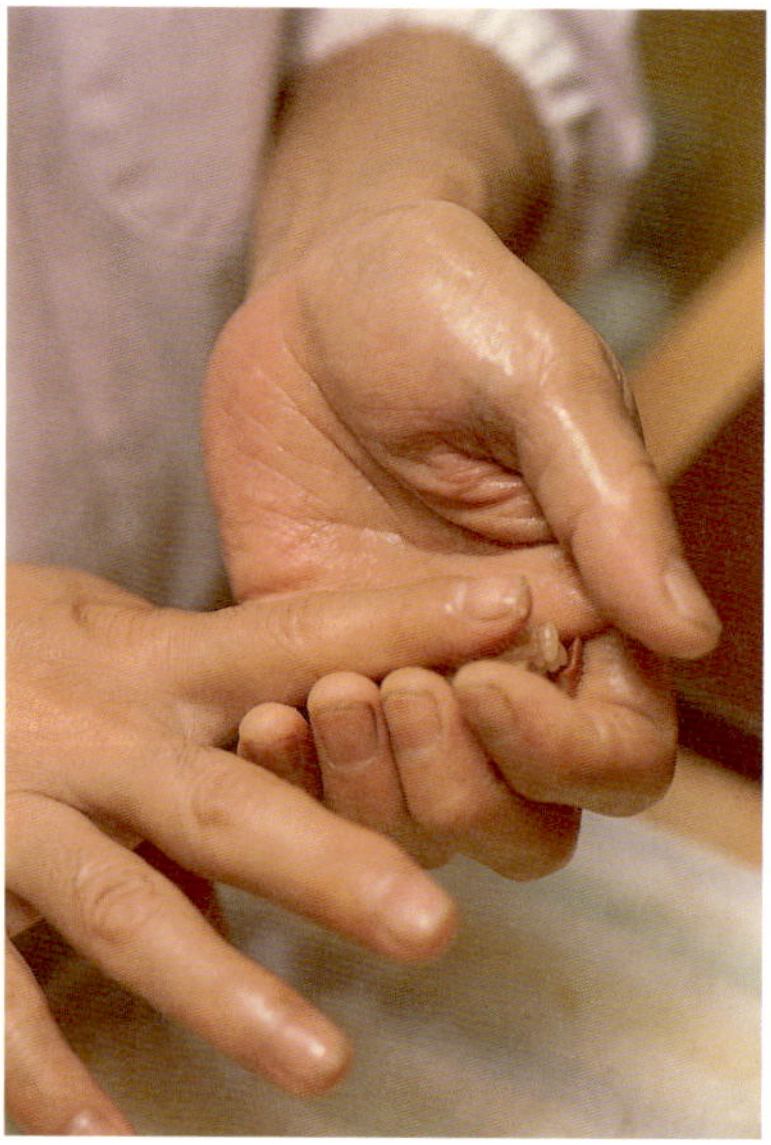

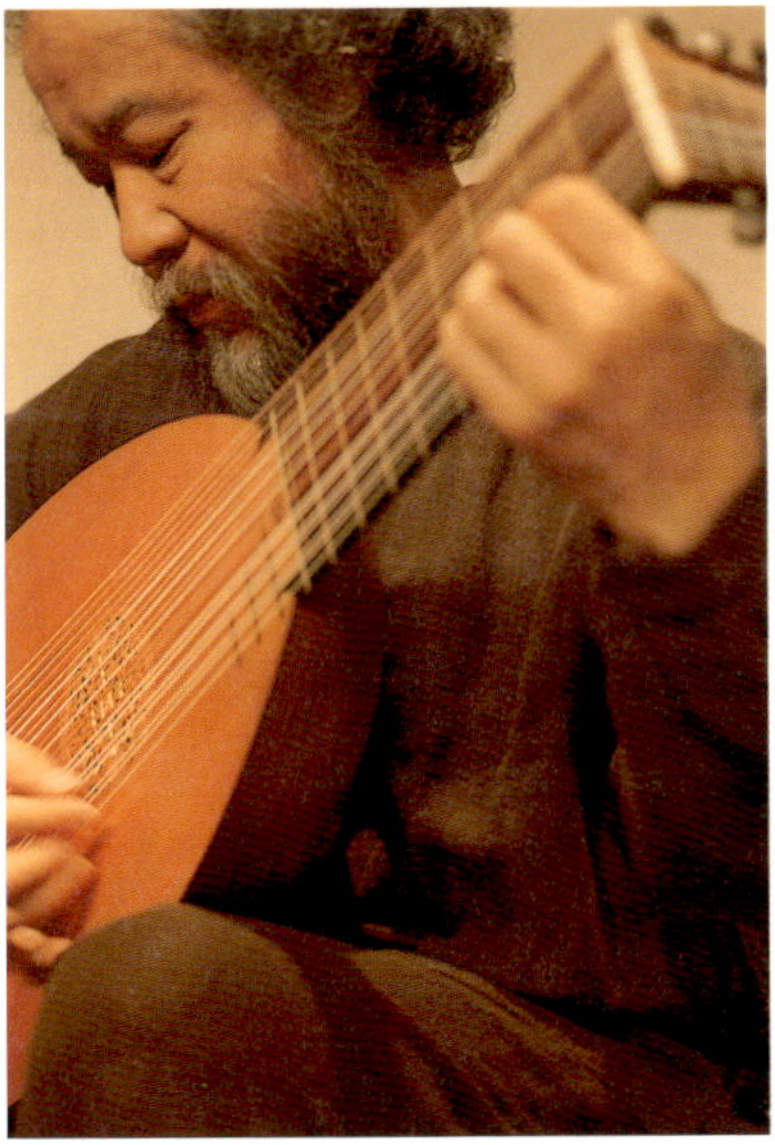

今日はなんだかちょっとイイよね

　子どもの頃からボンヤリしていた僕は、そう思いこんで勘違いしていることがいくつもあった。そのひとつは、草や花のことで、同じ場所には一年を通じて同じ草が生えているもんだとなんとなく思っていたが、ある時、突然それは違っているということに気がついた。春にタンポポが咲いていたのに、いつの間にか消えて、夏には同じ場所に名も知らぬ草が生い茂り、やがて枯れて秋には違う花が咲いて、また翌年には、同じ場所に同じ花が咲く。今ではあたりまえのことだけど、それが不思議で仕方なかった。たぶん地面の下は恐ろしく複雑だ。いろんな生命が混ざり合い、生きるためにしのぎあいながら、それでも秩序があって、季節ごとに出番を待ち、顔を出す。強さとはかなさ、多様さと単純さ、言葉にしてしまうと矛盾することが、うまいバランスでブレンドされていて面白い。そんなことをつのださんの音楽を聴きながら思い出している。

「野の花をそっと差し出すような演奏」だと、音楽評に書かれていたからかな。

　これまた勝手な僕の思いこみだが、花の命みたいなのと音楽は似ていると思う。花も音楽もともに美しいけれど、やがて悲しい。いい演奏会の時は、気持ちが高揚し、心は熱くなるけれど、一瞬の間に時は過ぎてしまう。また、花のように、演奏家としての命も決して永くはない。人の指も、声も生きている限りやがて衰える。その予感の中にも美しさがひそんでいる。

　つのださんがリュートという中世ヨーロッパの楽器で奏でる、古い時代の音楽が、野の花のようだとしたら、近代以降のクラシック音楽は、庭や畑で作られた園芸用の花なのかもしれない。野生種を品種改良して、園芸種を作り出すように、ヨーロッパの人たちは、より純粋で、理想的な美を追い求めてきたのかな。それはそれで美しいけれど、僕は古楽の中にまだ残っている民族音楽のようにヴァナキュラーで複雑で懐しいにおいに感じてしまう。

先ほどの音楽評、さる評論家の手で書かれたときは「花をそっと差し出すような……」とだけあったらしい。それをＣＤのライナーノートに書き写すとき、つのださんは勝手に「野の……」とつけ加えた。

「だって、その花がガーベラかなんかだったらやっぱり困るでしょう」

と、恥ずかしそうに言う。

実はこの文章、最初は「静かな音楽がいいよね」ということでまとめようと思っていたんだけれど、

「赤木さん、それはちょっと困ります。だって私、激しいリズムで突き抜けるような音楽も好きですから」

と言われ、こっちも困ってしまった。

「でもね、つのださん、この部屋に飾ってあるものたち、白いやきものや、錆びた釘とか、僕は、静けさを感じているんですけどね。それも音楽と繋がっていて……」

「イエイエ、私は、大皿に染付で派手な絵を描いているのとかも好きで持っていますから……」

「でもね、この間出たＣＤのタイトル『静かな音楽』ってしてあるじゃないですか。それになんでここにお好きなド派手な大皿飾っておかないんですか？」

「なぜでしょうか？　考えたこともありませんでした」

「………」

「そんなことよりも赤木さん、私は音楽の演奏は、人と人との出会いのようなものだと思っているんですが。会った瞬間に、この人なんかイイよねとか、ちょっと苦手だなとかあるでしょ？　音楽を聴きに来たお客

さんとそこで初めて出会って、演奏を始めて、あれっ、今日はなんかイイね、というのがあれば私は満足なんです。私がいくら勝手にイイと思っていても、全然聴いてくれない人もたくさんいますからね」

だから、こういう音楽がイイとか、美しいとか言葉にしても仕様がないし、考えたこともないと言う。

でも、もう一度こうして目を閉じてつのださんの音楽を聴いてみると、今、僕の前に咲いているのは、ガーベラでも大輪の薔薇でもなく、そよそよとして名も知れぬスミレの原種のような静かな花なのだ。しかし、それはたまたまそういう季節の巡り合わせだったと言うしかないのだろう。

今まで何度も、つのださんの家におじゃましているけれど、いつもお酒を飲んで大騒ぎをするだけで、音楽の話をしたことはなかった。でもつのださんに会うたびに、デリケートで傷つきやすく、同時に筋肉質で堅いような、芸術家の魂を感じるのだ。それはいつも目に見えない土の中に埋め込まれていて、言語化されるのを拒むような、陽気で悲しく強くはかなく優しく冷酷で情熱的で野性にあふれ孤独で論理的でもあるような何かの塊なのだ。

融通無碍

安藤雅信
陶工

陶芸の世界に本流というのがあるとしたら、その中心から全く無視をされている存在。イヤ、ひょっとしたら彼のやっていることは、陶芸ではないのかもしれない。岐阜県多治見市で土を焼いて生活道具を作り、自らギャラリーも主宰する安藤雅信・明子夫妻。彼らを訪ねた翌日、一枚のファクスが届いた。「百草《ももぐさ》の本質は一言で言えば『融通無碍』。理念・思想・展示・作品にこだわりはありません。そこから生まれてくる至上のものについて上手く書いてください。赤木君がどこまで百草の本質に迫ってくれるのか期待大であります」。うーん、これは困った。

「展示」の美学

実は、ウチの奥さんの智子と僕が初めて出会ったのが、一九八五年安藤さんの展覧会場だった。その企画をしたのが智子で、僕はそこにあった怪しげな美術作品ではなく、彼女に魅せられ会場に通うことに。展覧会の終了後、安藤さんはその売上げの全てをつぎ込んで、ニューヨーク在住の美術家・篠原有司男《うしお》さんの作品を購入した。その段ボール製バイクが今日、ギャルリ百草の玄関に飾られている。

この日は遠方より来た古い友人をもてなす茶会なのだという。待合にて、安藤さんのこしらえた茶器で中国茶を頂きながら、出会った頃を思い出す。待合から口の間に入ると、長い足場板がリンゴ箱にのって玄関の方に飛び出し、その反対側は、奥の仏間に突き抜けている。その上に、ルーシー・リーを想い安藤さんが焼いた茶碗。安藤さんと僕の、出会いからもの作りを通しての交流までを、この空間で表現しているそうだ。

「下手《げて》の茶」という美学

まだ二十代のころ、安藤さんは「僕は美術家として歴史に名を残す」なんて言っていたよね。先のことは、わからないけれど、今、安藤さんがやっている「ギャルリ百草」の方が、安藤雅信という名前より先に有名になってしまった。百草は、生活道具を展示するギャラリーだが、ただ単にものを並べるのではなく、その展示の仕方自体が美術家・安藤雅信の作品になっている。

次の仏間が、茶席にしつらえてある。玄関から突き抜けた板の上に棗が一つ。

「利休は、桃山時代の現代美術家。こうでなくてはならないというこだわりを全て捨て去ることが茶の本質なんだよ。茶道具は特別に用意する必要はなく、身の回りにある生活道具を工夫して使えばいい」

いちばん大切なのは、心から客をもてなすという気持ちだよね。

「写し」の美学

仏間のさらに奥、書院の展示では、写しの系譜と千年の時を表現している。時間軸を表現する螺旋状に組み立てられた板の上に並べられているのは、唐磁、宋磁、安南、初期伊万里、李朝、デルフト、フランス近代、白丹波、現代日本（伊藤慶二、吉田喜彦）の作品。

「各国で実際に白磁が作られるようになるまで、白く見せた陶器が作られていた。粉引、白志野、白釉、ボンチャイナなど、全て白磁への憧れの産物。しかし、そこに至高なるものを目指すやきものの本質が宿っているんだよ」

と、安藤さん。しめくくりは、オリジナルのデルフト皿と、それを写した安藤さんの作品。

「でもよくこれだけ買ったよね。この部屋まさに物欲の権化だね」

「赤木君、それはお互い様でしょ、せめて『物欲の結晶』とか言ってよ」

安藤さんがそういう人なので、今回はちょっと理屈っぽい話から始まる。まず、頭のなかに一つの円を思い浮かべてみよう。必ずその真ん中に中心がある。円の一番外側が周縁部で、政治にも経済にも中心があるように芸術の世界にも中心があるそうだ。例えば、国立美術館に飾られている絵画とか、駅前広場の巨大なモニュメントなどで、それを大芸術主義の作品と呼ぶらしい。それに対して現代美術というのは、周縁部にあるものだと安藤さんは考えている。常に周縁にあり、中心を揶揄するような存在こそがアーティストなんだって。

現代美術が、円の周縁の左側の極だとしたら、同じ周縁の反対側には民芸があるのだと言う。もちろん民芸は生活道具の製作をその旨とする。したがって、一見、生活には無用のものと思われがちな現代美術とはまったく反対の製作態度なんだけれど……。これも安藤理論によると、工業的に大量生産、大量消費されるような非良心的な日用品が、この世界の中心にあって、民芸のものは手作り、機械製を問わず良心的であるという意味で、同じく周縁に位置している。安藤さんの仕事は、この現代美術と民芸を融合させることにあると言うのだが、さてさてその方法とは。

実は安藤さんは現代美術作家として、紆余曲折しながらも二十年以上のキャリアを持っている。その制作するところのものは、僕が初めて作品を見た二十数年前から一貫しているのだ。安藤作品は、一つの通過装置のようなもので、それ自体が鑑賞の対象ではない。例えば「神社の鳥居」のようなもの。人々は、この鳥居をくぐることによって何か神聖な空間に入り込む。境界もしくは結界を作り出すという鳥居の機能こそが重要で、鳥居自体は特別なものではない。安藤さんは、そういうことをいつも意識していて、一九八〇年代から森の中に金属板を仕切のように埋め込んだり、庭に針金を張ってみたりしていた。鳥居をくぐって異空間に入り込むように、安藤作品を体験した人は、今まで気付かなかった何かに気付かされ、心を動かされる、ハズだった。

「でも、この二十年間、僕がやっていることに誰も気付いてくれず、誰一人作品について語ってくれなかった。僕が張った結界をみんな素通りしていくんだ」

と、悲しそうにふり返る。それはやはりその頃の作品に力が足りなかったからじゃないかなって、僕は思う。だけど、その経験が現在のギャルリ百草での展示に生かされている。

九〇年代になって、それ以前の頭で考えたような作品制作に行き詰まりを覚え、家業だった陶磁器問屋を継いで、営業をはじめた。そのかたわらで、頭からではなく、自らの手で何かを作り出すのだと、陶工となることを目指す。やがて器を作ることを始めるけれど、その作品を認めるものがまた誰もいない。良いものをたくさん見て、それが何であるかを知っている人だけに、自らがそれを作り出せずにいることに、どれほどの焦燥があっただろう。そんなある日、安藤さんは四百年程前、オランダで日常雑器として使われていた一枚の皿と運命的な出会いをする。「自らが求めずとも、必要なものは向こう側からやってくるんだね」と、今なら言うだろう。

どうしようもなく魅せられた一品を写しとろうと努めて、安藤さんが乗り越えたのは、オリジナリティの問題だった。美しさは、作り手自らをオリジン（起源）とする作品の中にあるのではなく、反復の中にこそ宿るのだと。「写し」を偽物としかとらえない西欧近代主義に対して、この国の文化はその豊穣な意味を知

っていた。

古代中国で発明された白磁は、多くの人を魅了し、ベトナム、韓国、日本、そしてヨーロッパへ伝わり写されていった。それをまた安藤さんが写す。白磁もまた古の玉や金属器の写しであった。こうして彼自身が、美しい生活道具を写し、反復する一つの通過装置となる。だが、不思議なのは、安藤雅信というパイプを通過した器が、確実にこの時代のエネルギーを吹きこまれ、現代の物になっていることだ。

「私とは何者であるのか」という、普遍的というのか、少し陳腐と言ってもいい問題と、どうしようもなく向き合ってしまう体質の人が、この世には少なからずいるようだ。安藤さんも僕もその一人だろう。モノゴコロついた頃からずっと、「本当の自分とは何だろう」とか、「僕はいったい何をする人なんだろう」と、迷い続けてきた。そのことが、今でも僕たちがもの作りを続けている理由の一つかもしれない。

「民芸の本質は、作り手が自らを消していくことにあるんだ。美術家の本質は、誰も気付いていないことに気付き、人に伝えること。その両面を含みながら作られた生活道具は、鑑賞してもらうものではなく、使って初めて、それまで気付かなかった何かがわかるものなんだ」

そう主張する安藤さんにとって、ものを作るということは、こだわりを捨て、何事にもとらわれないこと。この世に決まりきった絶対などはなく、やわらかい心で、さらさらと流れるように物事を見つめるとき、最良のものが紡ぎ出され、私とは何者であるのかを了解するのだ。

僕は、同じ時代にこんな鼻持ちならない奴がもう一人いて、同じく器を作り、何かが通じ合っていることをウレシク思う。うーん、でもね、「融通無碍というわりには、こだわりだらけじゃないか?」という気がしないでもないよ。

自然

ヨーガン・レール

デザイナー

ヨーガンおじさんは、もう三十年も日本に住んでいるデザイナーだ。彼は僕の知っている中で、いい意味で一番ワガママな人だろう。とにかく好きなものしか、見ない、触らない、食べない、話さない、イヤな場所からはさっさといなくなってしまう。これだけ自分の好きが見えている人は、膨大な労力で、自分の身の回りを自らの好みにかえて創り上げていく。そういう我が身の必要から生み出された生活道具は魅力的だが、同時に、作るという人工の世界から、何も作らない自然の世界への憧憬が始まる。

ひとつの小さな石の中にある宇宙を探し出す

ヨーガン・レールさんの石好きは有名で、どこかに美しい石があると聞くと、地の果てまでも行ってしまうらしい。話に聞いただけでも、インド、パキスタン、マダガスカル、モロッコ、コルシカ島。何年か前、「レールさん、僕の住む能登半島にもきれいな石がたくさんありますよ」とお誘いしたら、東京からやって来た。今回が能登での二度目の石拾い。あいにくの吹雪にも負けず、さっさと車から降りたのは、レールさんだけ。さすがに根性が違う。同行のお友達は、車の中からなかなか出てこない。

レールさんによると、いい石は掘ったりしなくっても、一番上の目につくところにポンとあるそうだ。夜は、みんなで拾った石の品評会。それぞれの好みか、集めた石にも個性がでてくる。でもなぜかレールさんの持っている石が燦然としているのは、石拾いにも熟練が必要ということかな。

理由もなくただそこにあるだけで人の心をふるわせる

創造力というのか、美しいものを生み出すレールさんのエナジーに僕は敬服している。そしてその源は、レールさんの自然を見つめるピュアな眼差しにあると思う。海岸に流れ着いた一個の石には、そこに存在する原因があっても、そこにある理由は何もない。波に打ち寄せられ、ただわけもなくそこにあることゆえの美しさになぜだか僕は感動する。意味や理由がまとわりついた人工物に囲まれて生活していると、人は疲れ切ってしまうからだろう、一度握りしめた小石を手放せなくなり、持ち帰り、自分の部屋の中でじっと見つめている。

僕にとってヨーガンレールの紡ぎだす布は、極めて自然に近い人工物のひとつだ。身にまとい風にゆらめく表情は、どこかの自然の中で感じたものに近い。東京のレールさんの部屋には、色出しのためのサンプルが、無数の石とともにあった。

自然の恵みには何もつけくわえずいただきます

株式会社ヨーガンレールの社員食堂は、日本一の社食だと僕は、勝手に思っている。他の社食へは行ったことがないのでわからないけどね。第一に、日当たりがよく、会社の中で一番いい場所にある。食器も家具もレールさんによって心地よくデザインされている。そして何よりもおいしい。食材は、むろんオーガニック。主食、野菜の一部、お茶などは南の島にある農場でレールさん自身が育てたものだ。

本日のメニューは、蓮根のはさみ揚げ、和風シチュー、ごぼうのニンニク味噌和え、ニンジンサラダ、青菜のおろし和え、玄米・黒米ご飯、オレンジと盛りだくさんで、五百円。精進をベースにした家庭料理といった風。僕は上京するたびに、用もないのにレールさんのところに遊びに行って、ここでお昼をごちそうになるのであった。

森に還る

二〇〇三年のお正月、僕とウチの奥さんと、南の島にあるヨーガン・レールさんの家で過ごした。高知のお友だちから戴いた手作りの柚酢をお土産に持って行ったら、それをソースにしてお鍋にしようということになった。

「ところで、レールさん、鍋物なんて作ったことあるの？」

「………」

どうやらないらしい。

「トーフは、買ってあります。野菜ならウチの畑にイロイロあります」

とにかく、桐の火鉢に炭をおこして、古い韓国の石鍋をのせてみた。レールさんの畑には、あまり見慣れない野菜がいろいろ。とりあえず、大根と春菊を収穫。

「この赤いのはなんですか？」

「それは、赤い大根です」

「入れてみましょうか」

洗って、切ってみると、これひょっとしてビーツかな。「これも入れましょう」と、持ってきたのは、ひょっとしてヘチマ？　かな。

「これはこの辺にいくらでもあるものです」

と、さらに一つかみのレモングラス。

「これもゼッタイオイシイです」

「えっ、バナナですか？」

それも青い、それも皮ごと輪切り。……。こうして、僕たちは、今まで一度も体験したことのない鍋物をおいしく（本当に）いただいたのでした。

僕の飲み物は、ワインから泡盛にかわり、そろそろお仕事をしなくてはいけません。何だか緊張するな。

「レールさん、美しいものってなんですか？」

「私が、美しいと思うのは『自然』です」

やっぱり。とりあえず、これで安心。

レールさんのお友達の写真家によると、「最近の日本人は、醜いものに鈍感になっている」とかで、レールさんも同意しながら、かなり立腹の様子。レールさんの家から町まで行く間に、道路に落ちている空き缶を数えてみたら、一三〇個もあったとか。

「この島の、海岸も、森もプラスチックのゴミだらけです。どうしてこんなにゴミを捨てるのでしょうか」

「でもレールさん、空き缶の数を数えるなんて、けっこうヒマなんですね」

「とんでもありません、私はとっても忙しいんです」

というのも、八年前にこの島に移ってきてから、ほとんどが荒れ地だった一万数千坪の土地に、島の植生を踏まえながら、レールさんは種を蒔き、木を植え続けている。レールさんが作った森を実際に見るまでは、失礼だけれど、お金持ちの趣味のようなものかなと、僕も思っていたけれど、それが、半端ではない。

「これも、これも、これも、全部植えました」

僕の目の前には、ただただどこまでも、森が広がっている。どうしてなんだろう。

次の日、レールさんは、本当の森を見に行きましょうと、ランドローバーで山を登り、沢伝いに歩いて、とっておきの場所に案内してくれた。その途中、山を貫く真っ直ぐな道や、なぎ倒された樹木を見るたびに、レールさんは悲しそうな顔をする。

「人は、自然に、憎しみを抱いているのでしょうか？」

亜熱帯の原生林が圧倒的な力で迫ってくるなか、静かに森のどこかを見つめながら、

「こうやって、自然の森に来てみると、自分が作った森よりもずっと美しいので、少しがっかりもするんです。人間の作ったものは、私の作ったものも含めて、やはりあまりヨイモノじゃありません」

と、また謙虚になる。

「私がキライなのは、人間が自分を表現するために作ったアートです。服や器のように使うために作られたモノは、まだ無理がないと思います」

ヨーガンレールの服はすべて自然素材だけで作られている。レールさんが、自然に還らないゴミになるようなモノを作るのがイヤだという理由で。

「ところで、レールさん、どうしてこんなにたくさん木を植えているんですか？」

と、訊ねてみたけれど、これは防風林になりますとか、これは実がなって食べられますとかの答えで、どうしてこんな規模なのかがよくわからないままだった。

一九六〇年代、パリでプレタポルテの仕事をしていた頃、まわりは、欲に目がくらみ、ケチで、争ってばかりの人間だらけで、嫌気がさしたという。その後、仕事を得て渡米し、たまたま手に入れた安いチケットで中国に向かう途中、立ち寄った日本に、なぜだか肌が合い、そのまま住み続けている。七〇年代から、ヨーガンレールとしてテキスタイルや生活用品を作り始め、成功するけれど、いまだにレールさん自身は、自

分の仕事はファッションではないと言っている。現代の日本だって、お金儲けをしたかったり、有名になりたかったり、人と競い勝とうとしたりする人間であふれているけれど、僕が、この数年、レールさんという人に惹かれているのは、そういうところから超然とした、無垢で邪気のない心があるからだろう。レールさんの見つめている自然は、自分の利害からは全く遠いところにあるものだからこそ、ただ単に美しいと溜息がでるようなものなのだと思う。

帰る前の日、レールさんの友人の島の人と話をした。

「あの人があんなに木を植え続けているのは、島の神様につかまってしまったからなんだよ。そして、本人は、意識していないと思うけれども、今まで森の材料をいっぱい使って服を作ってきたんだから、それをただ森に返しているだけなんだよ」

と。納得。

愛しい糸

ものを作るとき、作り手の意志や目的にあわせて、材料を管理し、ねじ伏せるようなやり方もあるだろう。はんたいに、素材に耳を澄まし、さからうことなく、大切に手の中で暖めながら、どこまでも丁寧に作っていくのが、真木千秋さんのやり方だ。そうやりながら、個性的で今まで見たこともないような布を織り上げていく。それを可能とするのは、糸という素材に対するどうしようもない愛しさか。そして、千秋さん自身も糸に愛されているからだろうか。日本とインドの機場《はたば》を往復する彼女を追って、僕もデリーへ飛んだ。

真木千秋

テキスタイルデザイナー

森が生み出す糸を集めて

デリーの中心から南へ車で一時間。千秋さんの機場は、美しい田園の中にあった。敷地の中に機場で働く職人さんたちの住む小さな家があるから、遊びまわる小さな子どもたちも、飼っている牛たちも、みんな一緒だ。青い空の下で、からからと糸巻きを回して、機にかけるための糸を作っているのは、織り職人の奥さんと娘さん。糸は、インドの森に棲む野生の蚕の繭で作ったタッサーシルク、韓国の絹、沖縄の苧麻《ちょま》、赤城の座繰り糸など、すべて千秋さんが自分の足と目で選び、集めてきた天然の素材。同じ糸でも一本一本、太さや色合いが違っていて面白い。

ランチには、友人の家からインド家庭料理が届けられる。もちろんここは、ベジタリアンの国。布だけでなく、食べるものもすべて、植物からいただく恵みなのだ。光が強いので、すべての色が鮮やかで、目にもおいしい。

きれいな色だったらそれでいいよ

色というのは、どこからやってくるのだろう。誰かが、布を作りたいと思って、この色がほしいと思ったとき、どうすればその色が手にはいるのだろう。糸を染めるというのは、どういうことなんだろう。僕は、染色の技術のことも材料のことも何も知らない。でも、色は、無限だということを、そして色の宇宙を漂いながらも、今の自分にとって、これだという輝くような色と出会える瞬間を、ここで知ることができた。

今日、千秋さんは、チャプフラワーという植物染料を使ってグレーを染めようとしている。もちろんこんな色にしたいというサンプルを片手にしているけれど、思うようにはいかない。これから色をいただく草や花がどんな環境で育ったかによっても、少しずつ違ってくるから。だから、染め師にはいつもこう言っている。

「きれいな色だったらそれでいいよ。工夫して使うから」

「絶対にこの色でなければとは思わない、だって、自然にはかなわないもの」

やがて訪れる美しくかけがえのないひととき

織りの仕事は、経糸《たていと》作りから始まる。まず織物の基盤を作るような仕事だ。その専門の職人さんが、千秋さんがもっとも信頼するミミちゃんことパシュージャマさん。彼がいるからこそ、どんな難しい経糸にも挑戦できる。今回も、複雑な糸に試行錯誤。糸が絡まったりして二人ともいらいらしている。その糸とこの糸を隣同士にするからうまくいかない、でもどうしてもそうしたい。そうしているうちに、風が吹いてまた糸がひどく絡まってしまう。

千秋さんとミミちゃんは、黙ったまま顔を見合わせて、次の瞬間に笑い始める。

「もういいや。まあできるようにやろう」

それから二人はなぜか息が合い始めて、あとの糸はスムーズにいく。こんなちょっとした瞬間に、ものを作ることのヨロコビがあるんだな。ミミちゃんは、耳が不自由だから、手話で会話する。その方が大切なことが伝わったりするし、彼は特別、その瞬間、瞬間を生きている感じがして、一緒にいると幸せになる。

今日あなたと出会ったのは必然だったのだろうか

経糸に緯糸《よこいと》を絡ませて布を作っていく、これが織りということだけれど、その糸と糸の組み合わせは、無限だ。織り方もいくらでも複雑にできるし、色とて定まったものはなく永遠のグラデーション、こうして改めてみると、なんたる莫、限りない世界なのだ。その中から、どういうわけかアーティストがこの一枚を選び取ってしまう因果に感動する。

外の光に対して、機場は薄暗い。その中から一枚の布という宇宙が生み出される。それをリアライズするのが、ここの凄腕の職人さんたち。一枚の布に、なんと五本から八本の杼《ひ》を使いこなし、緯糸をさらに複雑にする。コストのことを考えずに、手間と暇をかけた布を作ることができるのも、インドならではのこと。

ここで生まれる布に同じものは一つもない。すべてがたった一枚のかけがえのない布なのだ。

あたたかい手

布について書こうと思っていたのに、今回は、いきなりお椀の話から始まる。僕は、漆塗りの器を作って生活の糧としているけれど、いつも疑問に思うことがある。

一方にひとつ百円くらいでプラスチックか何かのお椀があり、もう一方は、僕のお椀で、安くてもひとつ一万円はする代物。器としては、中がへこんでいて、食べ物を入れることができればヨシなわけで、機能としては大差ないだろう。なのに値段に百倍もの差があるのはなぜだ。それより、同じ用途に百倍も高いお椀を買う人がいるのはなぜだ。つくづくそう思う。でも、その答えを知っていて僕はここまで書いている。高い理由は、簡単。それは天然素材だけを用い、人間がいわゆる手間と暇をかけて作っているから。だけど、そんな理由だけで人が高いお椀をわざわざ買ってくれるのではない。百倍の値段のお椀を人が買ってくれるのは、そのお椀を見たときに心がふるえるからだろう、たぶん。そして、ウチに持って帰って使うのにドキドキして、なんかあたたかい感じになって、ちょっと幸せだったりするからだろう、たぶんね。そう思うのは、僕も時々そういう気持ちにさせられる素敵なモノに出会ってしまうからだ。そういうとき、人間の作ったものってホント、スゴイなと感心するのだ。

千秋さんの布に出会ってから十年ほどたったかな。以来、それはソファや椅子のファブリックであり、ベッドのカバーであり、ウチの奥さんのストールでありながら、僕の心を揺れさせ続けている。この世に、布、布、布、数あれど、いかにして一枚の布が、人にかような悦びを与えるものとなるのか、その秘密を知りたくて、インドにある千秋さんの工房へと向かうこととなった。

さて、インドでは、千秋さんが機の前に座って、自分の手で布を織っているわけではない。彼女がしているのは、自分が日本で織ってきたサンプルをスケッチにして、新しい布のイメージを、インド人の職人さんたちに伝え、具体的な形にしていく作業だ。素材を選び、色を出し、経糸を作り、そこにどのように緯糸を入れていくかを一つ一つ指示していく。その職人さんと千秋さんとのやり取りを二週間の間、僕は面白く眺めさせてもらった。

インドでは、機を使って布を織るのは、男性の仕事らしい。ここでマダムと呼ばれる千秋さんは、彼らのことを「織師」と呼んでいる。機場の外で、糸を作っているのは女性で、たいてい織師の奥さんか娘さんだ。かれらは、地方のかなり田舎の村で、半農半工の生活をしていて、今は、大都市のデリーに出稼ぎにきている。もともとは、自分たちの暮らしの中で使う布を必要に応じて織っていた素朴な職人さんたちだった。

「初めて彼らの仕事を見たとき、手仕事のすばらしい可能性を感じたの」

十五年ほど前、彼らと、千秋さんが出会うことによって、今までどこにも存在しなかった布が生まれることになる。

だが、インドへ至るまでには、ながい道のりがあったようだ。かつてアメリカの大学でテキスタイルを学んでいた頃、自己表現の手段としての織りにどこか違和感があった。何かを表現することより、ただ機に向かって、手を動かしているとき、無心になれる瞬間が好きだった。後に、大手繊維メーカーのデザイナーとして仕事を始めたが、自分の暮らしと関係のない布をデザインすることにどうしてもなじめなかった。そして、いつの間にか、会社を飛び出しアジアの国々をさまよっていたという。旅の中で、自然とさまざまの民族の布に目が行く。その中でどうしようもなく、千秋さんを惹きつけたのは、その土地で生まれ育った植物のように、その土地で作られ使われている布だったのだ。

さて、インドで出会った織師たちに感じた可能性を現実のものとするのも、並大抵のことではなかったようだ。言葉も宗教も、生活の仕方も全く違う彼らは、「本当にミステリアス」だったらしい。当初から、注文したものと全く違うものが仕上がってくる。何度も説明して、一つできても次はもうダメ。丁寧さも、持続性もない。気がついたらいなくなっている。それでも彼らの持つ手仕事の可能性を千秋さんは信じ続けた。コミュニケーションの手段すらないときから十年余、しぶとい体力と、気力と情熱がやがて実を結ぶ。

僕が訪ねた機場には、のどかながらもかすかに凛とした空気が流れている。数名の織師が、真剣そうに布に向き合っている。

「知らない外国人が来たから緊張してるのよ」

と、千秋さんは、笑う。

「いまでも、言葉は通じないけれど、織師さんたちは、私の求めているものを感じてくれるようになった。あっ、これよっ、ていうのが彼らにもちゃんとわかって、その瞬間、目がキラッと輝くのが見えるのよ」

と、またまた笑っている。

機場で千秋さんはよく笑う。時に静かに怒っている。ある日は、朝からふさぎ込んで、みんな遠巻きに心配している。こうやって今まで頑張ってきたんだなと思うと、千秋さんがとても愛らしく思える。

最後に、ちょっと意地悪な質問をしてみた。

「どうして、自分の手で布を織ることを選ばなかったのか。サンプルは、自分で織るにしても、千秋さんはデザイナーで、手仕事は織師にという分業を選んだのはどうしてなのか」

実は、それには、千秋さんもうまく答えられない。

「私は、糸という素材にただ触っていたいだけ。人の手を通してもその感じが、布にでてくると思う」

千秋さんの布は、何かを表現したり、人を感動させたりしようとして作られたものではない。いたって素直に「ただ自分が好きなものを作っているだけ」なのだ。そして、ここからは僕の想像だけど、日本人の僕らがすでに失ってしまった、なにかあたたかいものが、インドの織師さんたちの手の中にまだ残っていたからだろう。千秋さんも、そしてその布を身につける僕もそのあたたかさがほしいのだ。

植物も、布も、お椀も、そして人も、土の中から生まれ、世界と繋がり、やがて土に還る。そんなあたりまえのことを、インドの職人さんたちの手が思い出させてくれる。

余白の奥行

山口信博
グラフィックデザイナー

神宮前の自宅から、南青山の仕事場まで、奥さんの美登利さんと並んで、てくてく歩いてやって来る。夫婦そろってグラフィックのデザイナー。僕のDMやカタログなど、あんまりお金にならない仕事もやってくれる。仕事場と同じマンションに借りている一部屋は、山口さんの昼寝場所。僕も時々ここをお借りして、うつらうつらしながら想う。音は、沈黙の隣にあり、絵は、白い画面の向こう側にあり、喜びは、悲しみとともにあり、私は、空しいもののこちら側にいる。今回、僕が迷い込んだ山口デザインの奥行。

見えないものに、消えゆくものに、愛しさを知る

都内でも、残るのは数軒となった活版印刷の工場。そのうちの一軒、下町の小さな町工場の建ち並ぶ一角にひらの印刷さんはあった。山口さんは今日、ここにある平台の大型印刷機を使ってポスターを作るという。写真は使わず、罫線と活字のみを、広大なお庭に小さな石を置くように指定していく。残されるのは、漠なる余白。小さな置き石によほどの力がないと、この空間は支えられない。

作業は、とても具体的で、頭の中にあるイメージを左右と凹凸が逆転した活版に組み上げていく手作業。印刷される部分以外の余白も、メタルベースと呼ばれるブロックですべて埋め尽くされ、線と文字の位置が、コンマ数ミリの単位で調整される。時間のほとんどは、その作業に費やされ、ほんの数枚を印刷して、版は崩され消えてゆく。わずか一七文字が、永遠に続く瞬間をとらえた俳句を、ビジュアルにしたようなポスターができあがった。同時にこれは、失われていく活版印刷そのものを、単なる郷愁としてではなく、新たな手工業として再生できないかという試みでもある。

余白はただ何もない場所なんだろうか

「様方堂印刷所」は、「山口デザイン事務所」内にあった。山口様方の印刷所を意味する。印刷所といっても、実際は事務所の一画にイギリス製の活版印刷機が置いてあるだけ。グラフィックデザインの根本を知ろうと、二十七年前に大枚をはたいて購入。端物と呼ばれる、葉書や名刺専用だ。

当初、いざという段になって、活字だけでは印刷できないことに気がついた。活字と活字の間を埋める、インテルとか込めものといった小さなブロックが大量に必要で、これにずいぶんお金がかかるトホホ。余白は、ただの何もない雰囲気のものではなく、単位と大きさに基づいた秩序があって、これを具体的な充塡物で満たさなければならない事を教えられた。印刷されたものとしては、見えない部分なんだけれど、そこを充実した密度のある空間としてどう美しく組み上げていくかが、以来、山口デザインの主題となる。印刷された「図」と余白の「地」は、等価性を持ってこそ美をつくり出すのだ。僕たちは、これまで、目に見える「図」しか見ていなかったのではないか。この、見えないものを見るまなざしこそ、隠された世界の秘密を解く鍵となるはずだ。

モノとモノの間にポエジーが生まれる

デザイン事務所と同じ建物の三階に「折形《おりがた》デザイン研究所」と名付けられた一室がある。折形とは、贈り物を和紙で包み、さしあげる日本古来の礼法で、その研究と、現代的な再構築を行う場所らしい。だけど、ここに通されて、いつも聞かされるのは、「どうこれ、いいでしょう」と、自慢話から。

友人に三年の間お願いし続けて、とうとう手にした李朝の糸巻きを指さして「ほとんどブランクーシだよね、これ」と、にこやか。

部屋のあちらこちらに、古今東西を問わず、自分の感覚にぴたっときたという小物が飾られている。ここでも、大切なのは、やはり空間、モノとモノの間の佇まいだという。飾られるモノと、モノに切り取られた空間は、常に対等である。古い小さな道具の持つ詩情が、空間に響きあって、新たな詩を作り出すとき、空間にボリュームが生まれる。壁に張られているポスター（七九頁）は、今回制作のもの。猫のハルちゃんもいる。趣味と仕事が、渾然一体となって、連続する場所で、実は、山口さんは今日も昼寝をしているはずだ。

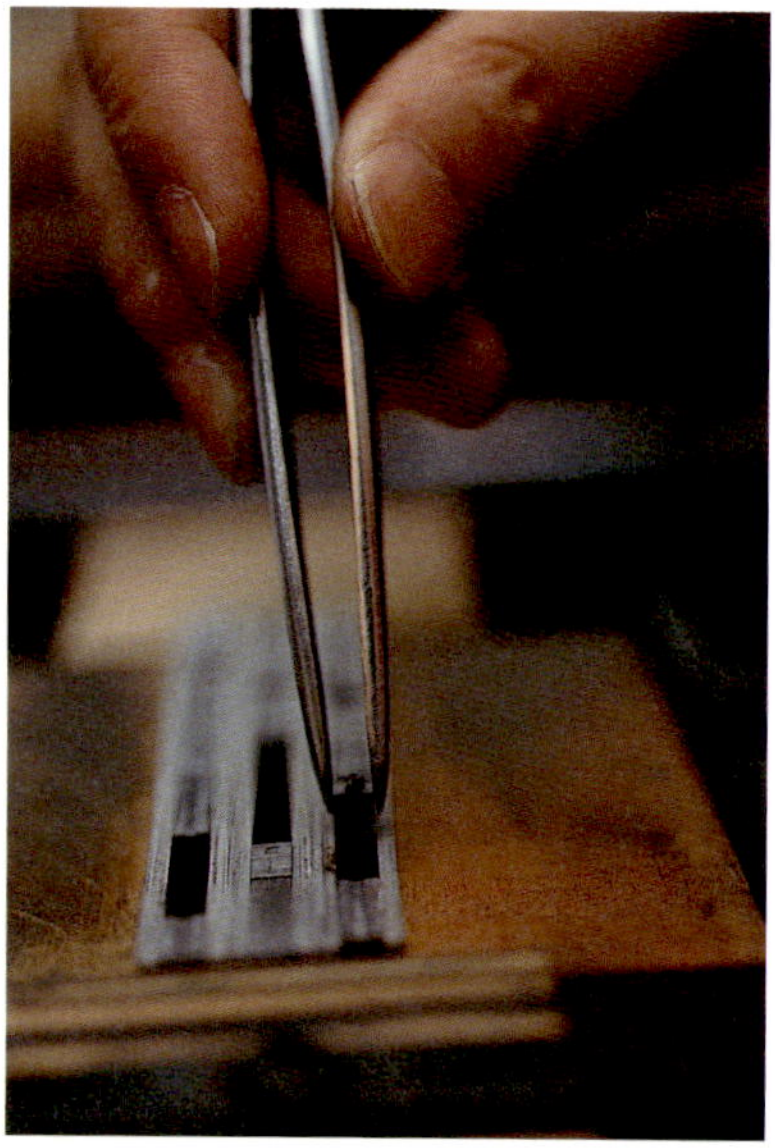

静かな午後

僕は、子どもが夏休みの間は、自分もお休みというのを続けている。夏休みといえば、朝の涼しい間に本でも読んで、午後は、お昼寝。目が覚めて、お茶でも飲んで、このゆるーい感じがいい。僕のウチは、全くの山の中で、隣の家から一キロ以上離れていて、本当に静か。もうここでしか暮らせない。時々、僕が漆をはじめた理由を尋ねられることがあるけれど、答えは、いつも同じで「漆は、静かだから」。反対にうるさいものが苦手で、都会に行くと、まあ楽しいけれど、耳にも目にもうるさくって、疲れてしまう。テレビも広告もＤＭもウルサイ。ウルサイのは、量も多すぎるし、ボリュームも大きすぎて、周りに空間というか余白がもうほとんど残っていないからだ。世の中、もう少し静かにならないものかと思っていたら、時々、東京のお店から届くカレンダーやらＤＭ、同人誌に気になるものがあった。一見、あまりインパクトがなくて、活字も小さくて読み辛くって、なんだかヒョロヒョロ一ッとしている。でも、そこがなんだかいいんだよね。それの作者というのかデザイナーが、後々に山口さんだということがわかる。

通っている古道具屋さんが同じで、ばったり会ってご飯を一緒して、いろいろ話したら、けっこう保守的なタイプの仕事をしているらしい。保守的といえば、漆の仕事も。色は赤と黒しかないし、お椀の形は昔から決まっている。僕の場合は、そこに自分のオリジナリティを加えて、何か新しいインパクトのあるものを作り出そうなんて気はさらさら無くて、古い形の中から一番美しいと思える線を選び取るようなことをしているだけだ。山口さんの仕事も同じようなところがあって、わざわざ、古い活字を使ったりするのも、その制約の多さにどこか好ましいところがあるのだろう。というか、何でもできてしまうコンピューターによるデザインが、取りこぼしてしまうものに気がついているからだと思う。

山口さんのデザインしたものを見ていると、改めて空間が大切だということに気づかされる。たとえば、どんなにすばらしいとされている器だって、それがどのような場所にどう置かれるか、どう使われるかによって、美しくも醜くもなる。その場合の空間とは、物と物の関係性、物と人との関係性のことだ。その関係性を無視して、いくら器や建築やデザインが主張したって、結果は、日本の都会の景観のように空しい。便利で何でもできてしまうと、「実」の部分、器なら器、文字なら文字の部分しか見えなくなってしまう。大切なのは、器にとってはその内側と外側、両方の空間であり、文字にとっては、余白の部分なのだ。それこそ美しく見えるということのポイントだ。

この空間への配慮は、どこか日本的で、侘び、寂びといったことに通じている。西洋的な不安を埋め尽くすようなデコレーションとは違うし、その反動のミニマムとも違う。民芸の外村吉之介さんが、「侘び」を「親しみのある静けさ」と、解釈していた。親しみは、目に見えない部分への配慮、忘れ去られたものへの想いから生まれる。それを丁寧さが、支えている。だからシンプルだけれど、冷たくない。端正で、風通しがよい。そんなのが、かっこいいよね。

さて、実態の山口さんの方は、かなり変な人で、猫のハルちゃんをバッグに入れて、自宅と事務所の間を持ち歩いている。以下は、山口さんからのお手紙。

冠省。『住む。』の取材の際はハルちゃんの件等で失礼しました。おかげさまですっかり元気になり、小生の腹の上で寝たりしております。赤木君からの質問を受け、その後いろいろ考えさせられました。自分では

DC

無意識だったことが、いくつかはっきりしたような気がいたします。そのことをお伝えしておこうと筆をとりました。「余白」は小生にとって重要なことなのだと改めて認識しました。仕事中の昼寝も「余白」なのかもしれません。さらに病を得ていた中学二年の冬から三年の秋までの時期が、実は余白だったのかもしれません。健康に対して病気も余白的です。さらに中学浪人の一年間も「余白」ですし、高校三年間も、学校をさぼって上野の西洋美術館に行って、ロダンを見ていたり、神保町へ廻って、北園克衛の『Ｖｏｕ』をみつけたりして、ほとんど「空白」「余白」です。さらに受験の失敗をくりかえしていた桑沢入学までの浪人生活の時期も「余白」の時間です。ほとんど「余白」だらけ。活版の中に「余った白ではない」「充実した無としての余白」を発見する以前に、「余白」の時間を体験していたのだと改めて気づいたしだいです。「正」に対して「負」。「陽」に対して「陰」。「健康」に対して「病気」。「メジャー」に対して「マイナー」。「図」に対して「地」。「生」に対して「死」。それら対立概念を同時的にとらえて行うということが、自分の中にあるのかもしれません。それが、「余白の奥行」なのかもしれません。山口拝

　賑やかさの中で、忘れられたものへのまなざしの優しさ。日の当たらない、裏側の奥行。そういうことを知っているからにじみ出てくる本当の明るさ。それを意識した丁寧な仕事。好きだな、この人とその仕事。

いごこちのよい場所

松原隆一郎
社会経済学者

東京大学教授にして、格闘家のお友だち、松原隆一郎さん一家の暮らす東京・阿佐ヶ谷界隈。かつては、武蔵野の雑木林に農家が点在するような場所だったのだろう。そこに多くの人が住み始め、密集した住宅街となり、やがて古い建物が取り壊され、巨大なコンクリートのマンションが忽然と現れる。人の流れも、街並みも巡り巡って、とどまることを知らない。僕たちの今いる場所。この部屋、この家、この街。いつも当たり前のように身近にあったありふれた風景を喪失し、忘れてしまうことへの危惧について。

私が窓から見る景色は誰のもの

僕は、月に一度くらいは東京に出てきて、ホテルやお友だちの家に滞在する。そんななかで、居心地のいい家の一つが松原さんのお宅だ。ここの居心地のよさは、どこから来るのだろうか。その一番の理由は、窓から見える景色だと思う。ここが東京都下の密集した住宅地の中にあるとは、にわかには信じられない。リビングダイニングのある二階は、ほとんどワンフロアで、南側と北側に大きな窓があって、風が吹き抜けていく。かつての武蔵野の面影をかろうじて残すのは、この辺りの旧家の庭で、窓から見える景色は、いずれもそれを借景としている。風景を自らのものとして積極的に取り込むことで、街並みや景観に対する興味と美意識を高めようとしている、とも言えるかな。「借景の語源は、失敬かもしれない」と冗談を言って、松原さんも笑っている。

リビングの横に増築されたばかりの小部屋がある。天井が低く「惰眠の部屋」と名付けられた。ここもまた眺めのいい場所だ。家の設計は、建築家・堀部安嗣さん。

私の内側へと向かう場所

「けっこう、自分の部屋はゴチャゴチャな感じの方が落ち着く」と言う、松原さんの自宅一階の書斎は、本や書類が乱雑に積み重なっている。キタナイと言えば、キタナイけれど、僕はこれもなかなかかっこいいと思う。松原さんの書斎は、もう一つあって、自宅から五分ほど歩いて、商店街の脇の狭い路地を入った突き当たり。都市が、清潔で管理された空間として再開発されていく中で、時代に取り残されたような木造アパートの一室。子どものころ憧れた秘密の隠れ場所か。ここも足の踏み場もないほどの本と資料の山、愛聴する浅川マキとフリージャズ。これまた、すべてがキレイに片づけられてしまうと、松原さんの中の混沌が悲鳴を上げる。

東京大学教養学部内の研究室へも行って、僕も松原さんの「経済思想史」という講義を聞いてみた。黎明期の経済学は、数字に基づいた理論だけのものではなく、道徳や哲学から派生したものだった。この日は、経済行為と良心の問題についてお勉強させていただいた。

私の身体が歩く、感じる、闘う

景気がよくなると予想しても、そうならなかった場合、いわゆる経済学者というのは、存外平気なものらしい。そういう数字と理論だけで構築された冷たい経済学ではなく、不況で苦しくなったわが妻の財布から発想するのが松原流。社会経済学は、消費者の気分や感覚が、経済の大きな部分を占めていると考えている。ゆえに、いかに政府が構造改革をすすめようとも今の消費不況はよくならないと説く。松原さんは、うまいものを食べ歩いたり、家族で買い物に行ったり、地方でもの作りをしている人を訪ねたりということが好きだ。その流れで僕も知り合ったのだけれど、この人は直に触れた現実感覚の中から、経済的な展望を導き出してくる。

松原さんの住む阿佐ヶ谷の中杉通りは、一部の電線が地中化されている。空を見上げた時に、否応なしに目にする蜘蛛の巣のような電線、そこから感じる自らの不快感を出発点にして、都市景観の問題も徹底的に考え抜く。また松原さんは、大道塾という空手流派の格闘家として師範代もつとめている。闘う人なのだ。

重商主義

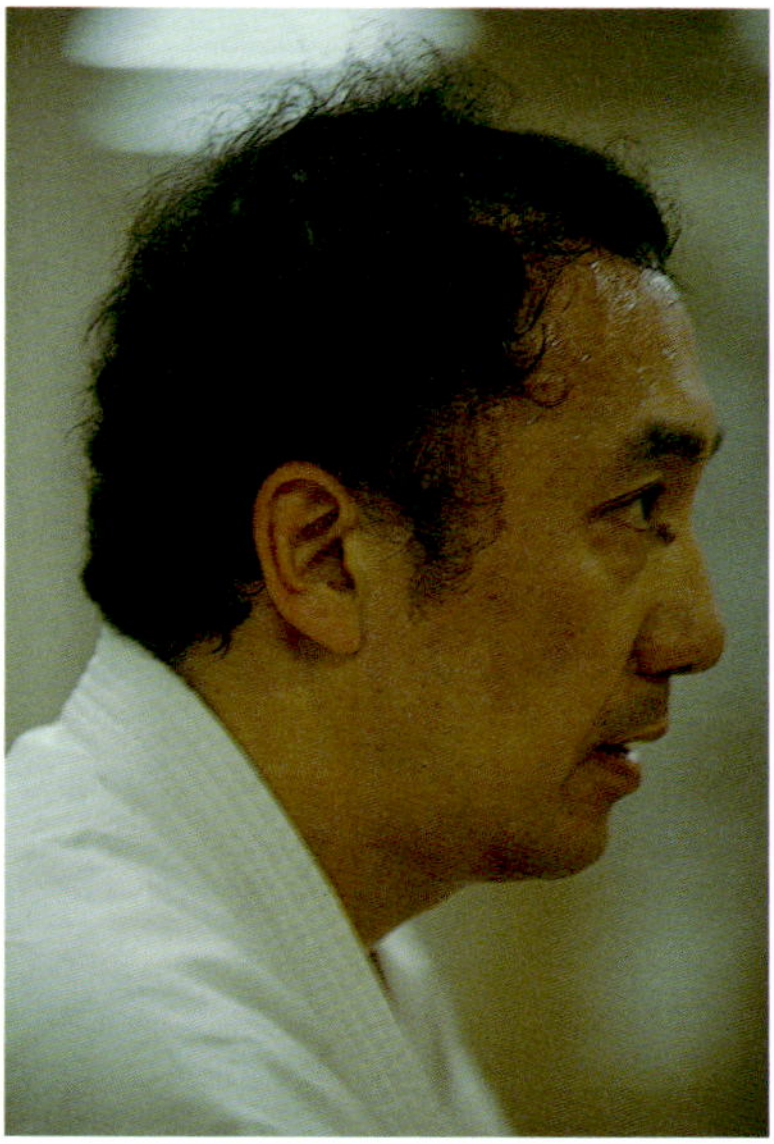

記憶の中の風景

目の前にある器が、ただ物質にすぎないのに、生き生きとしていて、何か語りかけてくる。そんな器と、毎日暮らす幸せを、僕は知っている。でも、この命のあるような感じ、生命感というのは、いったいどこから来るのだろうか。そして、何が僕の生活を楽しいものにさせるのだろうか。松原さんの家で、昼間からゴロゴロしながら考えた。実は昨夜、近くの蕎麦屋で一杯やりながら、松原さんの話を聞いているうち、景観の話と器の話が、繋がっているということに気がついたのだ。

松原さんが取り上げている「景観」というのは、歴史的建造物や、すばらしい自然といった、誰もがその価値を認めるような、大げさなものではない。自分が毎日暮らしている周囲にある街並み、看板、塀、樹木、電線、小川、路傍の草花、そういったありふれたもののことだ。器ならば、お座敷に飾られるような美術工芸品ではなく、毎日使う雑器のようなものだろう。そして話は、松原さんにとっての景観、見慣れた風景の強い喪失感から始まる。

松原さんは、神戸市灘で生まれ育ち、高校卒業までを過ごした。その原風景ともいうべき懐かしい景観を、全壊した実家とともに一九九五年の震災で失う。そこには、造り酒屋の蔵と黒塀を標《しるし》に連なる日常的な街並みがあった。そのほとんどを消し去ったのは、地震という天災だけでなく、復興の過程で新築されたマンションや住宅だったという。忽然と現れた、新しく清潔だが、平板で特徴のない街並み。そこに立つと「自分がどこにいるのかわからなくなるような不安」を感じるのだ。酒蔵のような特徴的な景観よりもさらに大切だったのは、いつも当たり前のように身近にあったありふれた風景だった。失ってみて、はじめて気がついたのだ。今は、東京に暮らしているが、毎日通る道にあった、感じのいい住宅が、ある日突然取り壊されてマンションに建て替えられる時には、心に痛みのようなものを感じるという。

景観は、自分の外側にただ客観的な存在としてあるものではなく、それはすでに自分自身の一部なのだと、松原さんは言う。コンクリートに囲まれた、無機質でただ清潔な空間にいる人は、すでにそれが人格の一部になっているのだ。ゆえに、景観とは、失われたものに対する単なるノスタルジーではなく、自らの一部としてひきうけ、つくり出し、ポジティブに変えていけるものでもある。

「そう、そう、そうなんです」

僕はそのとき、蕎麦をすすりながら、頷いた。

景観がそうならば、もっと我が身に近い生活道具も同じこと。子どもに漆塗りのお椀を使わせてみるとよくわかる。そんな高価でデリケートなものを子どもに使わせると、すぐに壊してしまってもったいない、と時々言われるけれど、実はその逆だ。子どもの方がよくわかってくれる。丁寧に作られた椀を、「これは大切なものだよ」と渡してあげると、自然と丁寧に使い始める。そして、食事や暮らしがだんだん丁寧なものになっていく。その時、お椀が、使っている子どもの人格の一部になっているのだ。

大切にしている器と同じように、ある人にとって心地よい景観は、生命感を持っている。命があるというのは、繋がっているということだ。それは、過去との連続性であり、記憶の連続性であり、特定の人と人との繋がりであり、人と物との繋がりであり、それらが重複して絡み合った複雑さがそこにある。人は、身近な道具、住宅、そして環境を、自分の一部として織り込みながら、自分と自分の居場所を生き生きとしたものに作り上げる能力を持っている、と僕は信じている。

さて、ここまでの話は簡単だけれど、「景観」の問題となると、この先がやっかいだ。お椀のような生活道具ならば、自分の所有となるものなので、勝手な美意識で選べばいい。せいぜい奥さんと意見が分かれて、小さな喧嘩ですむ。ところが、当然の事ながら景観を個人が所有することはできない。名物的な景観を除いては、それを保存しようとする法律も規制も日本には皆無と言っていい。そして、松原さんが何より失望するのが、その基盤となるべき美意識と、景観に対する関心が、ほとんど日本人にはないのではないかと思えることだ。ならば、あきらめるしかないところだが、格闘家は、あきらめずに闘うのだ。もちろん、主義主張を声高に叫んだり、自分の美意識を他人に押しつけようというのではない。松原さんは、著書『失われた景観』の中で、日本の景観がここまで醜くなった原因を法律と制度と経済の面から具体的に拾い上げる。各地の景観保存の事例を調査し、綿密にその可能性を探りながら、経済的動機に基づいた、再開発、都市開発による景観の破壊、断絶に警鐘を鳴らす。

そして、松原さんにできることを具体的にする。今年、自宅の増築に伴って、家の外壁をアズキ色に塗りかえた。この辺りの住宅地は、もともと畑だった丘陵がそのまま宅地化されたものだ。長い塀に囲まれた旧家の庭には、まだ武蔵野の面影が残る。その塀の色がこげ茶だった。ひょっとしたら、この塀は、失われた灘の酒蔵の黒塀と繋がっているのかもしれない。

天恵を知る

仁城義勝
木地師

「木の木目があって、木から採れた漆が塗られている。天より与えられた恵みにただ助けられてものができている。自分は何もしていないし、することも何もない。あとは、素材に感謝するしかないじゃないですか」

仁城さんは遠くを見つめて語った。韓国で生まれ、終戦で父親のふるさとである岡山に帰ってきた。若いころは、夏は沖縄、冬は北海道まで日本列島をふうてんしてさすらった。木地師として落ち着いたのは、三十を過ぎてから、遅いスタートだった。

木に触れながらその木が立っていたころの姿を考えている

誠実にもの作りをする人ならば誰しも、手にした素材の大切さ、ありがたさというのを知るようになるのではないか。僕はいつも、仁城さんが、木に向かう時の姿勢に心うたれる。森に立っていた樹木が、人間の都合で突然切り倒されて命を奪われる。その悲しみを直接、手で木に触れることで、仁城さんは聴くという。だからこそ慈しみ、木の命を最後の最後まで使い切ろうと思う。栃や栗の丸太は、板状に製材されて何年もの間、乾燥を待つ。挽きもの師だから、板に先ず大きな円を描き、その隙間に中くらいの円を描き、さらにその隙間に小さな円を描く。それが盆、皿、椀、猪口などを挽くための荒型となる。それでも余る部分が出てしまうけれど、それも捨てられず小さな板に加工して、重箱や角皿の材となる。最後に残る鉋くずや小さな端材は、発酵させて畑の堆肥となる。確かに手間も暇もかかる、効率も悪い。でもそれが自分の性分なのだから仕方がないと、仁城さんは笑っていた。

木の器から森の静けさと生命力を感じる

器の形は、木の生命が決めてくれるのか。椀を挽く時に、中から予測しないフシや割れが出てくる。普通ならば、それで材料としての生命は終わりなのだが、仁城さんは、その場でフシを避けて形を変え、器として生かしてしまう。だからどの形を仕上げる時にも、ゲージをあてて形を完璧にそろえることはない。ひとつひとつ微妙に揺らぎながら、全体の形は自然とそろっている感じ。人間のワガママを素材に押しつけることがないように。漆は、自分の挽いた木地をより長く生かすため、器として丈夫なものとするために塗っているだけだ。何の飾り気もない静けさ。だがシンプルなだけではない、力強さがある。やっぱり器になっても、木はまだ生きているものなんだ。

仁城さんは、葉っぱのようなものを作りたい、と言う。

「葉っぱは、一つとして同じものがなく、一枚だけでも美しい。けれど、それがたくさん集まって、木になり、森になり、山になっても美しい」

「自分のこころをざわつかせるような器だけは、作りたくない」

心地よいもの作りを続けていたら、毎日使うためのものが沢山生まれてきた

仁城さんの工房と自宅は、遥か彼方に瀬戸内海が見えるという、小高い山の尾根にある。そこで、染め織りをする奥さんとご両親、高校に通う二人の子どもたちと暮らす。もちろん食卓で、漆の器は日常のものだ。でも仁城さんに、生活道具を作るんだといった、特別な気負いがあるわけでもない。自分が心地よいと感じられるものを、木という自然に聴いて、作っていたらこうなっていただけ。

毎年、一月と二月は板から木型を取る仕事。三月は粗挽き。四月から六月が木地の仕上げ。七月から九月が塗り。そして、十月から十二月にその年仕上げたものを自分で売る。それを当たり前のように、丁寧に繰り返していく。年間作ることができるのは、二〇〇〇点から二三〇〇点。自分たちの生活に必要なぎりぎりの金額を、その数で割って、ひとつひとつの値段が出てくる。ゆえに、漆の器としては驚くほど安い。よけいなものの何もない潔さ。器を作ることの原点がここにある。

誠実であること

僕が仁城さんと初めて会ったのは、一九九六年のこと。ドイツの国立美術館で開かれた「日本の現代塗り物十二人」という展覧会でご一緒させていただいたのがきっかけで、その後、岡山県井原市にある工房をお訪ねした。その時のことが、強烈で忘れることができない。

仁城さんは、突然「人は、言葉と行動を一致させることが大事だ」と言い始める。

その当時から僕は、輪島塗下地の上に、和紙を張ることで、やわらかいマットな質感をもったぬりものを作っていた。それを自分で「無地」と呼んでいたのだけれど、仁城さんに言わせると、それは無地ではない。無地、すなわち「何もない」というのは、木地に、それを丈夫にして器として使うために、漆という液体を三回ほどかける、それでおしまい。なるほど、それが仁城さんの方法だ。それに比べて僕は、なんと複雑でよけいなことを沢山していることか。

「あなたのしていることは、無地ではなく加飾なんです」と言いながら、決してそれが悪いと言っているわけではない。仁城さんは、「あなたは、自分と比べるとよけいなことを色々やっている。ならば、なぜ、よけいなことをやっているのか、その意味を考えろ」と言っているのだ。

その時僕は、雷に打たれたようになり、以来、自分の仕事を「加飾」と呼ぶようになり、自分が行っているよけいなことの意味について考えるようになった。そして仁城さんの仕事が、いつも自分が仕事する時の基準点のような存在になり、仁城さん自身は、僕の人生の師となった。もちろん、僕が心の中でかってにそう思っているだけなんだけどね。それから、年に一度か二度はここを訪ね、酒を飲み、夜遅くまで話すのが楽しみとなった。

さて、先に登場していただいた高知のやきもの師・小野哲平さんとの話で、作っている人の暮らしが、器の中に入っていくというのがあった。その中の、気に入って使っていた湯飲みを作った人にどうしても会いたくなって、訪ねてみるととてもイヤな人だったので、帰ってからその湯飲みを捨ててしまったというエピソードは、仁城さんからかつて聞いた話だった。

「器には心がこもっているものと、いないものがある」

と、仁城さんも言う。好き嫌いは別として、作り手の想いの強さもあるだろうが、それを表現するのはやはり技術の問題らしい。一般的にギジュツと言えば、まっすぐな線がひけたり、均一できれいな仕上げができたり、写実的な表現ができたりということだが、そんなことは努力すれば誰にでもできてしまう。仁城さんは、自分の仕事をギジュツ的なものではないと、いつも謙遜するが、そんなこともないと思う。たぶんギジュツは、ひけらかすものでも、執着するものでもないという意味だろう。僕もギジュツが表面に出てしまうような仕事は、好みではない。ここで仁城さん言うところの技術とは、人によって、魂とか、心とか、命とか、表現は違うが、人工物を、人の気持ちを震わせる何かに変容させる一種のテクニックなのだろう。それを、意識して使う作り手もいれば、全く無意識でこなす人もいる。しかしそれは、目に見える色と形にすべて還元されるものなんだろうか、それとも、物質を超えた精神的で微妙な何かが、そこに込められているんだろうか、僕には、未だわからない。ただ、時々、そういう技術の入った作品と出会い、「あっ、ウマイな」と思う。

もちろん、仁城さんも、その技術を持った人だけれど、本人にとってそれもたいしたことではなさそうだ。

仁城さんは、器に向かい、精神的なものを込めようといった目的性を持っているわけではない。おそらく、大切にしているのは、ただひたすらに自分自身と誠心誠意向き合うこと。自らの日々の暮らしと仕事に心を込めているのだ。仕上がったものは、その結果でしかない。その器に、精神的な深みを感じて恐れ入ってい る僕のような人間もいれば、そんなことは何にもなくて、ただ生活の道具として使っている多くの人もいる。それが感受性の問題か、想像力の問題か、妄想なのか、また知るよしもないが、仁城さんが作りたいのは、おそらく、多くの生活者が使ってくれるただ普通の道具なのだろう。

そのことは、仁城さんが向き合っている「自分自身」が何であるかを知ることによって理解ができる。仁城さんからはどこか哲学的というか、精神の高みにあるようなものを感じるが、実際に仁城さんが向き合っているのは、日々の、例えば老いた両親の介護であり、子どもたちの将来のことであり、山間の小さな村の付き合いのことなのだ。話を聞くと、そのどれもが楽な問題ではなさそうだが、仁城さんは、飄々と明るい。日常の一つ一つに丁寧に関わることで、心地のよい状態をいつもつくり出そうとしている。それをただ繰り返し、日々を送る。そうすれば、自然と感謝の気持ちがわき上がってくるのだと。

「木の木目があって、漆が塗られていて、素材に助けられている自分が、いる。自分は、何もしていない。ただ素材に感謝するしかないじゃないですか」

「美しいとか美しくないとか、そんな大それた言葉は、使いません」と仁城さんは、また笑いながら酒をすすめてくる。

六十歳を前にして、自分に与えられている「施し」「恵み」のいかに多いかを知った。これ以上に望むものはない。あるがままでよいではないかと、仁城さんの問いかけが、あまりに、過剰な欲望を抱え込んでいる僕に、突き刺さっている。

その後、長男の逸景《いっけい》君が高校を卒業し、悩み抜いた結果、父親の弟子となった。父親でさえ、漆の器を作り続け、生計を立てていくことに不安を感じる中での決断だった。修行は、楽な道のりではないだろうが、やがて逸景君の作ったぬりものが父親のぬりものと肩を並べる日が来るのを想像するだけで今は楽しい。そのとき、彼が父親から受け継いでいるものは何なのだろう。形なのか、色なのか、技術なのか、それとも他の何かなのか、見てみたいと思っている。

「おいしい」を教わる

平松洋子
フードジャーナリスト、エッセイスト

岡山県倉敷市の美観地区に外村吉之介さんの作られた立派な民芸館がある。平松さんは父親に連れられて小学生の時からそこに通っていたそう。実は、僕もそうなんです。何度も通っていたので、どこに何が展示してあるか地図まで描ける。この経験が、平松さんがものを選ぶ目の、そして僕がぬりものを作ることの基礎になっているのは確か。お話ししてみると、ご実家もわりと近くて、少しだけ先輩でした。いまからうん十年前、ひょっとしたらあの立派なウィンザーチェアのある部屋で、すれ違っていたかもしれませんね。

予約を入れてからこの日を待つことの楽しみ

その液体を口に含んだ瞬間から、再びスプーンを下ろして、すくい上げ、口に運ぶまでの時間が待ちきれない。こんなに「おいしい」ものに巡り合うことは、そうそうない。フレンチ・レストラン、コート・ドールの夏の定番「シソの葉のスープ」の衝撃。同じく、「赤ピーマンのムース」「季節の野菜のエチュベ」。いずれもフランス料理の前菜だが、なんとおおらかでかつ静謐な。そしてこの掃除の行き届いた厨房の美しさに感じる高い精神性。

一方、馳走啐啄の点心。「だし巻き卵、黒皮南京の旨煮、タマネギのスープ煮、小芋の旨煮、さらさ蒲鉾、アスパラのおひたし、ナスの揚げ煮、新ゴボウの旨煮、花山椒、鱒のつけ焼、ニンジンの旨煮、生麩の艶煮、ゴボウの皮のきんぴら、空豆の塩ゆで、タケノコの味噌漬、鳥のつみれ、サザエの潮煮、ネギをちらしたアサリご飯、漬物」。小さな漆の箱によくぞここまでと思うくらいきっちりと収まった端正な仕事に、あたたかな幸福感を得る。いずれも、何年も平松さんが通い続け、その味の揺るがないことを確信した場所だった。

上2点、コート・ドール。下2点、馳走啐啄。

家族のために毎日作ること

ながいながい時間をかけなければわからないことがある。僕が誰かの家に呼ばれ、ご馳走になって、「旨い」と思っても、実のところは何もわかっていない。ほんとうのおいしさを知っているのは、ともに最大の時間を過ごした家族だけだから。同じ材料で作った、同じ料理を、繰り返し繰り返しいただく。同じ野菜でも、その季節の走りとお終いでは、味が変わってくるし、子どもの成長、家族構成、その日の気分や体調によっても、味というのは微妙に揺らいでいる。その揺らぎの幅を知り、変化を楽しみながらも、核になるものは変えない、変わらない。一度一度の食事という、点をつないで、線に変えていく、その暮らしを営む力こそが「愛」なのだと、平松さん。

この日いただいたのは、平松家定番、韓国家庭料理。ズッキーニと小松菜のナムル、豆腐とアサリのチゲ、牛のすね肉と青唐辛子の醤油煮、水キムチ。おいしいよ、平松さんの手料理。

「おいしい」とつながっている世界

ところで、料理することではなく、食べ物について「書く」のが、平松さんのお仕事。ゆえに「料理人」でも「料理研究家」でもなく、「フードジャーナリスト、エッセイスト」を肩書きにする。僕のようなミーハーならば、食べてそのまま「旨ッ」の一言で、お終いだけれど、平松さんには、材料と技術について、知ることのできるすべてを探求し、何度も通い、何度も食べ、点を線につないでから初めて言うことのできる「ああ旨い」がある。そんな研究と言っていいような地道さがあっても、書くことの技術があっても、それらを感じさせない軽快な文章で、「おいしさ」の本質に迫ってくる。

平松さんの家のインテリア、飾られている骨董、アート、食卓の上の器にも、多少の揺らぎや振れを認めつつ、その世界の本質にシンプルに迫っていくような気迫があるよね。さすが、倉敷民芸館仕込みかな。

退《ひ》く

「おいしいもの、食べたい！」と、僕は思う。それだけは、みんな同じだよね。でも、「何をおいしいと思うか」になると、人それぞれ違う。「おいしいものを食べるためにどこまで頑張るか」もかなり違う。僕は、食いしん坊で、欲張りなので、ついつい、頑張ってしまう。平松洋子さんは、そんな僕のよい先生だ。と、勝手に決めてしまった。「趣味がよい」とか「大人っぽい」と言ってしまうと、あたりまえすぎるけど、ほんとうにそう思うから。

僕は、ふだん能登の山の中で生活している。畑で野菜を作り、山や海で集めてきた菜や魚を料理して、いつも家族が顔を合わせて食事している。もちろん、近くのスーパーで買い物もするけれど、自然に季節の地のモノが中心となった食生活があって、それは幸せで、本当にありがたいことだと思う。そうして、充実した毎日を送れれば、よいではないかとも思うのだが、どういうわけか、まだ満足がいかない。いいワインをたくさん飲まないと、ワインのことはわからないとたぶらかされ、どんどん高級なワインに手を染めていく。あそこの料理がおいしいと言われると、どうしても連れてってと、友だちに懇願する。というわけで、上京するたびに、「おいしいもの教えて！　平松さーん」と、なるわけ。

三田の「コート・ドール」は、僕にとって三度目になった。最初に連れてきてもらった時は、とにかく平松さんにとってのナンバー・ワンを所望した。ここは平松さんにとって、娘さんの誕生日に十数年通い続けてきた特別な場所なのだ。でも、フレンチのトップと言われる名店数あれど、銀座方面ではなく、なぜ三田なのか。この選択に、平松さんの美意識を感じ、まさに共感。うん、二人で来るには、ここの隠れ家的雰囲気もなかなかいいしね。味もなかなかシブメで、好みだと僕は思う。シソの冷たいスープをいただいた時、

「これはフランス料理なのですか？」

と、不躾な質問をしたところ、シェフの斉須政雄さん、

「いやフレンチでも何でもいいのです。僕はただ自分が好きだと思う料理を出しているだけですから」

とストレートなお答え。

なるほど、「好き」という個別的なものを突き詰めていくと、そこに何らかの普遍性、一流のものが見えてくるのかと改めて感心した。フレンチとか、ヌーヴェル・キュイジーヌとかの言葉ではくくれない、これぞ斉須さんの料理、という感じかな。

銀座の「馳走啐啄」でのお昼。このお値段でこの料理、正直言って、何か得した気がする。啐啄の意は、まさに絶妙のタイミング。季節と素材と料理と料理人とお客さんの呼吸がピッタリ合ってる。和食と言われて、ご飯とみそ汁しか思いつかない単純人間には、ここの料理がカウンターの向こうの西塚茂光さんと同じように控えめでかなり嬉しい。ひとつひとつの素材も西塚さんのようににこやかだ。ここには何か暖かさがある。もてなされてるって、感じかな。

でもお話を聞くと、斉須さんも西塚さんも、ふだんあまり寝てないらしい。早朝から深夜まで仕事していらっしゃる。この膨大な時間が、お二人の丁寧な料理を支えているのだろう。

この二店は、素材がもともと持っている味を生かし切ることを本領としている。それを支えるのが料理の技術。しかしいかに技術があっても、それをこれみよがしに前へ押し出してしまえば、イヤミになる。平松さんの言うところでは、「手を加えすぎる一歩手前で後ろに控えて支えるように、しかし個性豊かに力強く、

素材の本質を引き出す感じ」。正統であり、かつ自らの技術に誇りを持ち、かつ控えめであることこそ、平松さんの美学でもあって、「趣味のよさ」を感じさせる所以だろう。いやはや、吾がぬりものもかくありたいものだ。

フレンチと和食を続けていただいた後、「少々気の抜けたものですが、うちで毎日食べているものでもいかがですか」と、お誘いがあった。

もちろん二店ともが、平松さんの絶妙の選択だが、僕にもっとも感動を与えたのは平松家の日常食だった。家族のために、ずっと作り続けてきたものの持つ力。この味を自分の基礎に持っている家族がうらやましい。「自分で料理をすると、旬そのもの、素材のあるがままを大切にしたくて、余計なことをしたくない。どうしても少し退きすぎてしまう」

と、平松さん。塩やオリーブオイル、挽きたてのスパイスなど、最小限のものを効果的に使いながら、素材の味わいを生かしたシンプルな味にどんどん近づいてしまう。「退く」という言葉には、「手を抜く」と正反対の深い意味がある。毎日の食事だから、完璧な素材を求めることも徹底して時間をかけることもできない。でも限られた材料でおいしくいただくために、最大限の工夫をする。知恵を集める。味気なさを誤魔化す濃い味ではなく、素材感を少しでも引き立てる薄い味。そこに何かが寄り添うように加えられて滋味が冴えてくる。シンプルの極みなのだけれど、強い意志と愛情を感じるのだ。

とにかく、「旨かった!」。

菓子屋が街を変える

高橋台一《たいいち》おじさんは、不思議な人だ。日本中、人の集まるところどこにでも現れ、満面の笑みを浮かべ、大きな声で話し、握手をして去っていく。二人で酒を飲みに行くと、男どうし手を握り合って、ポロポロ泣いたりする。はたしてその実態は、小田原と箱根のまんじゅう屋さん。器のギャラリーと生活道具の店もやっているる。どの店もすこぶる面白く、感動がある。もし僕の住む町にこんな和菓子屋さんがあったら、ドキドキしながら通いつめ、お客さんが来るたび案内して自慢するだろうな。

髙橋台一
「菜の花」店主

大好きな人と、そっと手をつなぐ

人はどうして絵を飾るんだろう。自分のいる場所に、大好きな絵を飾り、一日中ながめていてあきない時も、やがて、ほおづえつくのを忘れて、絵が部屋の風景の一つになってしまう時も、いいよね。

望月さんの作るものは、ちょっとうつむいて静かにはにかんでやわらかくて優しくて見たこともないような繊細さがあって、すでに僕の家でも壁にとけ込んだようになっている。その望月さんを、あっちにもこっちにも、箱根のまんじゅう屋さんでたくさんみつけた。望月通陽さんは、静岡に住む染色家で、音楽家のつのだたかしさんのＣＤジャケットの図案もこの人。

お店作りには、建築家の中村好文さんや、インテリアデザイナーの小泉誠さん、グラフィックは山口信博さんもかかわっている。こうして好きになった人と手をつないでいくのが、今回の主人公・髙橋台一さんの流儀。こんな事聞いたら、面白そうで、ぜったい一度は行ってみたくなるよね。

菜の花

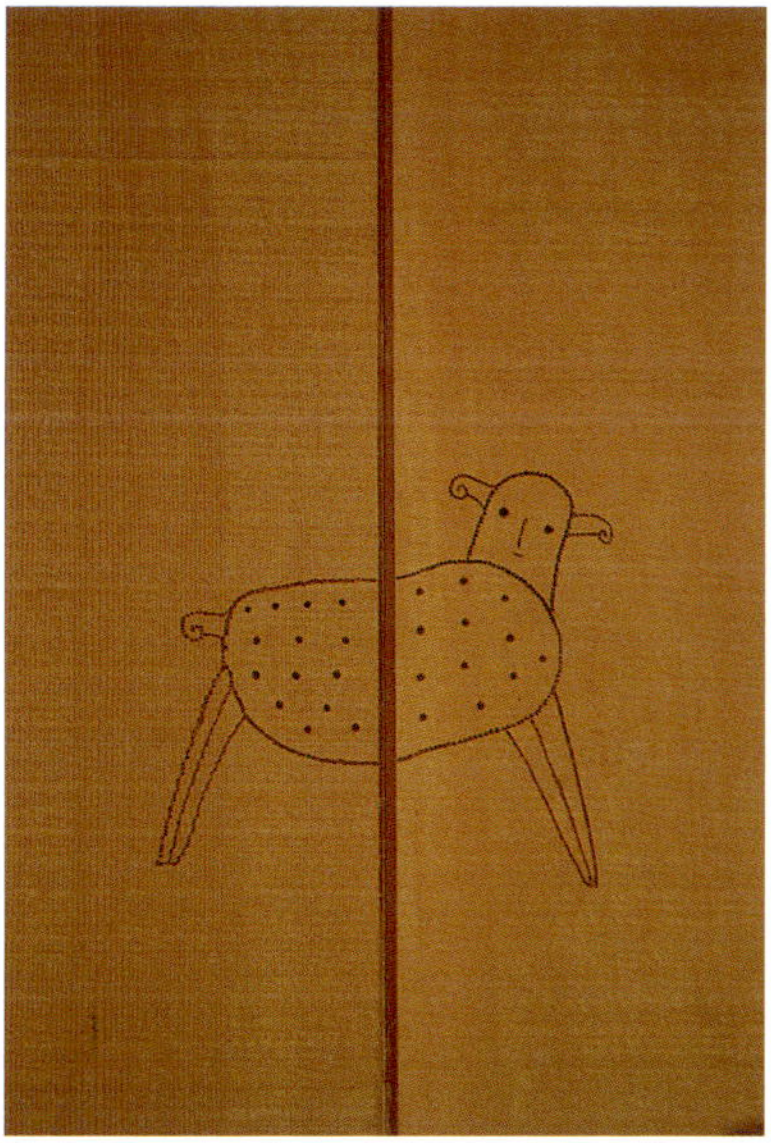

ものをつくる時の、ふるえるような心が広がっていく

いい和菓子を作れるようになったのは、北海道の足寄町《あしよろ》で誠実に小豆を生産している人たちとの出会いがあったから。いい砂糖の作り手とは、沖縄で出会った。素材に限らず、優れた作り手との出会いは、限りなくある。小田原市内に、箱根に、何カ所もあるお店をまわってみよう。お店の女の子たちが着ているのは、高知の早川ゆみさんの服。飾られている大きな壺、おまんじゅうののった皿は、三重の内田鋼一さん。満月をモチーフにした天井の落書きは、黒田征太郎さん。吹き抜けの彫刻は、神林學さん。書は、髙橋さんの敬愛する井上有一さんの「愛」と「貧」だったり。

おのおのの店頭で、ドラ焼きが焼かれ、温泉まんじゅうが蒸されていて、いつもホッカホカの焼きたて蒸したてを買うことができる。「ひとつのことにじっくりと腰を据えてやる価値のあるもの、大切なものを、失っていく方向に人間はあるけれど、まだ個人の作り手の中には残っている。失われていく大切なものを追い求めながら、それをみんなが買える値段で、みんなと歩調を合わせて、正直に丁寧にお菓子を作っていきたいんです」と。

この街に生まれ、この街に住む

「ヤー」「ヨー」と、小田原の街を髙橋さんと歩いていると、辻々で声がかかる。今日の朝ご飯の準備のため、なじみのお店をまわる。魚屋さんでは、もう少しでいい感じに仕上がるあじの干物を後で届けてもらうことにして、豆腐屋さんで、しぼりたての豆乳を一杯頂き、のどをうるおす。途中で寄り道をして花を摘む。それだけで、充実した小さな旅のようだ。僕たちが、なくしかけている、もう一つ大切なものを教えてもらった。それは、地域とのつき合い、声をかけあうようなゆるやかな共同体。髙橋さんは、生まれ育ったこの街で生きている。ここに生きているからこそ、この土地のウマイものを知っている。家に泊めてもらうと、いつも髙橋さんがきちんとした食事を用意してくれる。ご飯にみそ汁、豆腐に納豆、干物を七厘で焼いて、地物を中心に集めた正統派の朝ご飯だ。夜は、行きつけの居酒屋「大学酒蔵」へ。夏の初め、生しらすがもう最高。小田原は、海が近い。

おじさんの純心

夏になると、久しぶりの友だちが、僕の家を訪ねてくる。飲んで話しながら、子どものころけんかしたりしたのを思い出す。人と仲良くなったり、嫌いになったり、そういうことは、子どもの時だけで、大人になったらもっと安定するのかなと何となく思っていたら、僕は、大人になってからも、同じことばかり繰り返している。

十年くらい前、髙橋台一さんと初めて会った時、正直僕にはちょっと苦手な人だった。一人でずっと、自分のことを話し続けながら、人の中に入り込んでくる。この人はいったい何なんだと思った。それが付き合いを重ねていくと、にじみ出るように愛おしく、好きな人に変わってくる。僕の周りで、台ちゃんほど、人から愛され、また別のところで、疎まれることの盛んな人はない。それだけ強く個性的な魅力を持った人だ。

台ちゃん自身が言う、周りの人との間の違和のようなものを僕も感じている。多くの、いやほとんどの人が同じように感じる部分を持っているんじゃないかと思う。小さいころ、本当はこの両親の子どもではないのではと、疑ったり。学校の集団になじめずにいたり。気がつくとポツンと一人でいる。さみしい。誰ともなじめないのに誰かと繋がっていたい。そうして求めすぎると、逆に遠ざかってしまう。人と離れたり別れたりすることの痛みを知るからこそ、強く人を求めてしまう。ひょっとしたら、みんな同じなんだけれど、そういうことに敏感すぎるだけなのかな二人とも。

ある日、台ちゃんの家に泊めてもらう。朝起きると誰もいない。やがて、ハフハフ汗をかきながら戻ってくる。近所の魚屋さんと豆腐屋さんをまわって、トントン朝ご飯を作ってくれる。輪島に帰ってすぐに僕はウチの奥さんに話す。

「台ちゃんてなんだかケナゲなんだよ」

そうやって少しずつ何かが不器用で一所懸命なこの人が好きになっていく。

さて、この夏のはじめ、台ちゃんと石垣のヨーガン・レールさんの家に泊めてもらい、帰りに南風原の染織家・上原美智子さんを訪ねる。そこにいたアシスタントの女性が小田原の出身。「小田原には、今までにない楽しい和菓子屋さんがあって、新鮮だった」と。

それが台ちゃんのお店。若い人に振り返って見られる和菓子屋さんなのだ。普通、いい和菓子屋さんについて書くとするならば、おじいさんとおばあさんが昔ながらのやり方でアンコを煮ていて、みたいな気がするけれど、今回はそういうテーマではない。僕は、日本に今なくて、一番必要なのは、質のよいものをたくさん作る、プロダクトの作り手ではないかと思っている。僕は、漆の日常雑器を作る人だけれど、それは小さな、個人的なもので、量産にはほど遠い。それでも、よい漆のプロダクトを作る人があれば、もっともっと漆が身近になるのにという思いはやまない。それが量産品になると、プラスチックの本当の安物になってしまう。漆にこだわるメーカーの作っているものもあるけれど、何かが足りない。

そこで台ちゃんの作る和菓子に習う。季節ごとに作るのは百種類を超えるが、中でも定番は、温泉饅頭、栗饅頭、ドラ焼きの三つ。きわめてオーソドックスでシンプルな取り合わせ。奇をてらうところがない。素材は、北海道で契約栽培された低農薬有機の小豆、沖縄波照間島の黒糖、徳島の和三盆、埼玉の小麦と、国内産と食の安全性にこだわるのは当たり前のこと。一日に、饅頭数万個分のアンを煮るのに、大きな釜を使わず、効率が悪くても昔ながらのアンの味が出せる小さな釜をたくさん並べてするのも当たり前。そこに、

今までのものにない工夫がひとつひとつの菓子にされている。それはちょっとしたことなんだけど、ここで書くのはやめる。たぶん、見て、食べてみないとわからないからね。それで値段がコンビニで売っているののちょうど倍くらいの感じでも、大満足できるはず。そして、何よりなのは、和菓子に感動という大切なものが入っていること。これが今のプロダクトには決定的に欠けている。

それは、感動を求め続けるような台ちゃん自身の生き方から出てきたものだと思う。「人はどうして人に出会いたいんだろう」と、酔って呟く台ちゃんが好きだ。

「生きていることの素晴らしさ、ヨカッタネということを伝えたい。ここのところ会っていない息子に一番それを伝えたいョ」

なんて素直なことを言いながら、トキメキを求めて日本中を旅している。体で感じた感動を涙を流して表現する。喜びを持って今という時を生きている。新しいもの、古いもの、作家、職人、そんな境がなく、心ふるわせる人と物に出会いたい。出会って、好きになって、繋がっていたい。やがて、出会った人や物がみんな小田原にやってくる。台ちゃんのトキメキが、お店に、お菓子の中に入り込んで、それから波動のように街に広がりはじめる。

人は、出会ったり、別れたり、好きになったり、嫌いになったりを繰り返して生きていく。そこには、嫌なこと、醜いこと不純なことも泥のように渦巻いている。だからこそ、泥の中から蓮の花が咲くように美しいものはあるのだと教えてくれる。

李 英才
陶芸家

しっかりしたもの

ドイツで僕が展覧会をしたのがきっかけで、李英才《リーヨンツエ》さんと出会い、かれこれ十年になる。彼女も何度か僕の住む能登半島にやってきたたし、僕も彼女の住む街へ何度か行った。エッセンは、オランダ国境に近い工業都市だ。そこでバウハウスの時代から続いている陶芸工房のディレクターをしている。もちろん彼女自身も陶芸をする。若いころに、釉薬《ゆうやく》の勉強をするために韓国からドイツへと留学して、そのまま住み続け三十年がたった。東洋の血とヨーロッパの実用が、彼女が生み出す器の中で見事にとけあっているのを見ることができる。

二つの食文化の間に立っている器

リーさんのやきものは、とても難しい。これを日本で人に見せると、やきものをやっている人、やきものを売っている人ほど、わかってもらえない。韓国でも同じだって。韓国人にも日本人にも、ヨーロッパの食器だと思われてしまう。手作りなのにどういうわけか、味気のない工業製品のように勘違いされてしまうのだ。それはたぶん、僕たちが気付かないうちにやきものに対して持っている先入観があって、そのよさを見つけることを邪魔しているんだろう。この器には、土味とか、偶然性の要素がない。

「日本で陶芸好きの人は、ひとつの趣味の狭い世界にはまりこんでいる気がする」とリーさん。狭いのも僕は好きなんだけど、ちょっと取っ払ってみると、新しいやきものの世界が広がっていた。リーさんがこしらえてくれた韓国料理、次の日は、ドイツの家庭料理、どちらにもピッタリ決まってしまう。使ってみるとわかる、いちばんの魅力、それはこの「内側から膨らんでくるような、あたたかい」感じなのだ。

バウハウスの理念と李朝陶器が融合して生まれてきた

初期バウハウスの影響を受けて、一九二四年に設立されたマルガレーテンヘーエ工房は、ドイツ北西部の工業都市エッセン市の郊外にある。設立当時、親会社だった炭坑はボタ山と巨大な掘削設備を残し廃墟となった。その一角で、荒れ地に咲く一輪の花のようにその工房は生き残った。工房の目的は、今の暮らしの中で使うことのできる、手で作ったいいものを提供すること。リーさんは、一九八七年からここでディレクターをしている。ヨーロッパの食卓の上に新しい食器を、そして新しい考え方、新しい考え方を持った使い手を開発することが、彼女の目的だった。普通ヨーロッパの家庭では、ひとつのメーカーの色のそろった器のシリーズが一揃いあるだけで、日常の用は足りるもの。用途に応じていろいろな色や、いろいろな形を取り合わせて使う韓国の、東洋的なやり方はなかなかなじまなかった。当初、リーさんの抱く形と意図を理解する職人さんもいなかった。

もっともミニマムな色と形のバリエーションをよろこぶ

リーさんが初めてドイツにやってきたのは、一九七〇年代。その時に出会って感動した現代美術をまっ白い気持ちで吸収した。当時、中心にあった考え方は、ミニマリズムだったから、この工房を引き受けたときも、自然にやきものでできるいちばんシンプルな形を考えた。フラットなものなら、丸と四角。高さのあるものなら、丸みを持って上に上がるものと、まっすぐに上がるもの。色は、明るいものと、暗いもののふたつ。艶は、あるのと、マットなのと。というシンプルな対立が基準だった。そして、食器の第一の条件は、バウハウスの言う機能性、使いやすさということ。かつて李朝時代の器の考え方も同じだった。「器は、人の暮らしに奉仕するもの」なのだ。

この考え方を変えることなく、もう二十年近く、この工房が同じ器を作り続けてきたのはすごいこと。新しいものを作るのは、ある意味簡単だけど、同じものを作り続けながらそのよさを守るのは、とても難しい。

器を作りながら美しいものを探し続けている

「土は美しすぎる」と、リーさんは言う。自然のままでも美しすぎるので、そこに手を加えて、アートにはできない。だから自分の作品に「土味」は、出したくない。自然は、美しいけれど、アートではない。アートは、人の心と作為の中でしか成り立たないものなのだ。そんな話のあと、リーさんがドイツ語の古い詩を教えてくれた。

〈いつもの道を歩いて　ちいさな花をみつけた　今朝　すべてがあまりに美しいので　この花を君にあげよう　理由もなく何かを美しいと思うこと　僕はそのことにただ感謝しているんだ〉

「誰かを、何かを、美しいものとして見るという人間の持つ感情そのものが、美しいものの根源です。そのものを愛する人が、それを美しいものとして見たいのではないでしょうか。美しいものは何なのか、まだ私も探し続けています」

工房での仕事と、もう一方で、リーさん自身の手で作り、薪窯で焼く、陶芸作品がここにある。

デザイナーと職人の美しい関係

六年ぶりに訪ねたマルガレーテンヘーエ工房は、秋色のただ中にあった。ドイツにいながら、どういうわけか、リーさん手作りの韓国料理とご飯をたらふく頂いたあと、器を作るということについて、本当に楽しくお話しすることができた。この工房の中で、リーさんの立場は、デザイナーでありディレクター。彼女と七人の職人さんたちの仕事を見ていると、デザイナーと職人の何か理想的な関係が見えてくる。ロクロを挽いて形を作る、クスリをかけて焼き、色を作る、それらを正確にこなす腕のいい職人さんは世の中にたくさんいる。けれど、それだけではいい器は生まれてこない。

一九八七年、リーさんが工房を引き継いだとき、厳密に形や色を再現することのできる腕のいい職人さんがいても、できてくるものはとてもつまらないものだった。それは、当時の職人さんたちの中に、形に関する感覚がまるでなかったからだという。一見、同じ形や色に見える器でも、良いものと悪いものがある。職人さんは、形を内側から理解して、その丸みややわらかさのニュアンスを、例えば口作りのちょっとした曲がり具合で表現しなければならない。そのことを教えるのに、リーさんは素敵な先生であった。まず同じ形の器を二〇個、職人さんに挽かせる。その中から良いと思うものを一つだけ選び、それを見ながらどうしてそれが良いかを、言葉できちんと説明（高台と胴の丸みの関係とか）する。選んだものを見本にまた同じ形を二〇個挽かせる。その中からベストを選び、同じ事を繰り返していく。やがて半年もすると、職人さんたちが、良い形ということを理解するようになった。技術的にただしっかりしているだけではなく、もう一つ上の目的が、リーさんにはあったようだ。職人さんが、純粋にものを見て、その良し悪しを判断する目を持ち、作ることのリズムをつかむこと。このことこそが、器を作るということなのだ。

「器を作る」というのと「音楽を奏でる」というのは、似ている。楽器も歌もある程度練習すれば、とりあえず音は出るようになる。でも、それで音楽にはならない。土と音は、ともにとてもやわらかく敏感な素材で、土や楽器を直接手で触ることで、自分の心臓の鼓動、呼吸を直接伝えることができる。だから、ちょっと呼吸の仕方を変えるだけで形や音が変わってくる。そのことを体で理解すると同時に、美しい形と音を志向する目と意志と情熱を保ち続けることによって、初めて土は器に、音は音楽になる。リーさんは、土の持つそんな直接性がやきものにとって大切なことだと教えてくれた。

ぬりものの場合は、そこがちょっと違って間接的だ。堅い木を金属の刃物で外側から内側に削ることで木地の形を作る。素材と手の間に、何か硬いものがある。だから木のままでは、どこか痩せたように見えてしまう。そこに服を着せるように何度も、何度も漆を塗り重ねることによって、僕たちはふくらみ感やボリュームを出そうとしている。

作曲家と演奏家の関係のように、「デザイン的な仕事」と「職人的な仕事」の間には、美しい関係が成り立つのではないだろうか。デザインは、用途や機能を充実させるためであったり、商品としての差異性を際だたせるためであったり、その目的にあわせて形を作り上げていく仕事だ。職人は、デザインされたその形、伝統から受け継いだ形を変えることはしないけれど、その同じ形の内部にある、もっとも美しい線を、目と意志と情熱を持って求め続けていく仕事だと思う。ただ形をなぞるだけでは、美しい形は生まれてこない。

同じ楽譜を読んでも、感情的で激しいもの、派手なものなど、芸術的な演奏が色々あるけれど、僕のいちばんの好みは、ひとつひとつの音の粒の美しさを際だたせるような、そして、何度それを繰り返しても同じ音が響くような、職人的演奏なのだ。デザイナーによって描かれた形が、職人的に美しく奏でられたときに、初めて優れたプロダクトの生活道具が生まれるんじゃないだろうか。

さて、ここまではリーさんが「工房もの」と呼んでいるプロダクトの話。工房ものは、リーさんがデザインするけれど、実際に手を動かして作るのは職人さんたちだ。ここでは、同じ形のものがある程度の数、量産されている。そしてもう一つ別に、リーさんが「作品」と呼んでいるものがある。作品の方は、リーさん自身がロクロを挽いて、薪窯で焼いて作られる一点もの。いわゆる陶芸だ。次にこちらの話を聞いてみよう。

存在の弱さと強さと

工房の扉に貼ってある一枚のポスター。中世の宗教画か何かで、描かれた人物の一部分を指し示しながら、

「このエンジ色と、深い緑と、黄土色の組み合わせがホントに好きなの。こんな色の組み合わせがやきものでできるといいわ」

と、通るたびに話す。

日本で食べた梅干しが気に入って、なんとかドイツでも自分で作ることができないかと、挑戦している。ウチの奥さんがはいていたヨーガンレールのスカートが気に入って、こんなのがほしいと言ってくれる。工房で二泊させてもらった間、三食とも自宅から通っては手料理でもてなしてくれた。ドイツの材料を使って、キムチも、チゲも何でも工夫して作ってしまう。おみやげにと言って、作品をたくさんくれる。最後に抱き合って別れを惜しむ。なんだか、リーさんてすごくいいんだよね。本当は、ヨーロッパではもっとも成功している陶芸家の一人で、ご主人は社長さんで、すごいお城のような家に住んでいるのに、威張っていたり、偉そうなところがひとつもない。妥協しない強い信念を持っていて、同時に、明るくって、やわらかい。だから、興味のあるものはきっと何でも吸収してしまう。

三十年前、韓国から陶芸の釉薬を研究するためにドイツにやって来た。

「当時の韓国では、オリジナルのアートを観ることがなかったので、全くまっ白い状態でヨーロッパに来て、

そのアートにピッタリとくっついてしまった」

純粋な美術にこんなに魅せられているのに、自分の仕事は、土を使って器を作ることなんだと、揺るがない。日本と違って、ヨーロッパでは工芸の認知が低くて、美術に比べてレベルが低いように思われている、それが悲しい。でも、現代美術家の彫刻に負けないようなものを器でも作れると確信している。

ドイツ語で、「存在の強度」という言い方をリーさんは何度かしていた。それはボリューム感のある、内側からふくらんでくるような形に現れる。リーさんの尊敬するブランクーシの作品は、抽象的な形の中にそのボリュームをいかに表すかがテーマ。リーさんは、そこから刺激されて、自分の器の中にブランクーシを翻訳したものを入れようとしている。やきものの形を作るのに一番大切なことは、回転している土の遠心力を手なずけること。もうひとつは、中心になる軸を立てること。これをうまくやれば、それがそのままボリュームになると言う。ロクロは、ヘラなどの固い道具は使わずに、手だけで行う。手で手なずけた遠心力の形がほしいのだ。その結果として、作品の中に現れてくる、やわらかい存在の強さに、僕は、リーさんそのままの姿を感じる。

僕がリーさんと知り合ってもう十年がたとうとしている。久しぶりに仕事を見させてもらって、今回初めて気がついたことがある。リーさんの作品の醍醐味は、その形の彫刻と言ってもいいような、存在の強度にある。だが日本には、それになじまない人も多い。僕自身も、土の器から弱さや、儚さ、曖昧さ、不純さを感じ、好みとしてきた。それらは、リーさんの彫刻的な器からは排除されてきたものなのだろうか。弱さを捨て、強さに集中するのは、ヨーロッパの中心にある純粋美術に器を作りながら対峙するためのプロセスだったのかもしれない。

二〇〇六年、リーさんは、ミュンヘンの美術館での大きな個展を用意している。その会場に一一一個の碗を並べるという。すべての碗は、ひとつひとつ形が違っている。中に、強い存在を放つものもあれば、弱々しさをたたえたものもある。すべてのものがそれなりのよさを持ち、それがいっしょになることによって、ひとつひとつがはっきりと見えてくる。以前のリーさんならば、弱々しいところを省き、存在の強度を際だたせていたのかもしれない。だけど、強いものの中にある弱さ、弱いものの中にある強さに（それは、まるでかつての李朝雑器と同じではないか）改めて気がついたとき、美術と工芸の境界から、リーさん自身が自由になったのではないか。そして、存在の強さや弱さにかかわらず、美しいものは、身の回りのすべてのものに潜在していることに気づき直したから、リーさんの作品がさらにキラキラと輝きを増したのではないか。僕にはそう思える。

生まれる前の形　消えていく形

鍛金師
長谷川竹次郎
鍛金師
長谷川まみ

銀という名前の犬がいる。金属に選ばれ、金属を愛する家の庭で飼われている。長谷川家は、室町時代から金属加工を生業としてきた。竹次郎さんの身体の中には、数百年間の金属との睦まじい記憶が血となって流れている。ここは名古屋市の郊外、小山の頂きに建つコンクリート打ち放しのスクエアな住宅。庭には、小さなログハウス。隣は、木造長屋風の工房。さらに、寄り付きと小間の茶室が点在する。まるでかつてのポストモダン折衷主義建築のごとき佇まい。この謎めいた空間から生み出される美しい形の話。

形が生まれてくるところに棲む人

東京から名古屋の自宅に帰ってきた竹次郎さんの鞄に、何かがパンパンに詰まっている。まみさんが聞くと、公園でドングリを拾ってきたらしい。竹次郎さんは、敷地の中で独立した小さなログハウスを仕事場にしていて、そこで一人寝起きし、一日のほとんどを過ごしている。その日から、何かを作り始めた。数日後、仕上がったのは、純銀でできた玉転がしだった。ドングリを落とすとコロコロと転がっていく。それで、まだ小さかった二人の子どもたちと遊び始める。

竹次郎さんは、自分が作りたいモノしか作らない。双六やママゴト道具もそうして生まれた。純度の高い銀である南鐐《なんりょう》の茶箱一式。野薬缶の中に茶碗、茶入、茶杓、菓子器、茶筅筒《ちゃせんづつ》、茶巾筒がすべて納まる。もともとは、自分専用の旅持ちとして作り始めた。金属という物質を超えた魅力があるよね。

仕事場の中には竹次郎さんの身の回りに集まってきた小さなものたちが並んでいる。その多くが、古代の遺跡から発掘された金属製品だ。

古い形と新しい形が出会う場所がある

鍛金《たんきん》という仕事を知っている人がどのくらいいるだろう。金、銀、銅、錫《すず》、鉄などの金属、砂張《さはり》、真鍮などの合金、その塊を金槌で叩き、薄くのばして器などの形を作っていく。粘土をこねて形を作るのと、やっていることは似ているけど、硬い金属の場合は、途方もない時間と労力が必要だ。例えば薬缶を作るのだったら、口になる部分に必要な金属の量をあらかじめ考えて、その部分に寄せていかなければならない。形ができると、表面を研ぎ、磨いて仕上げる。

ここ工房ハセガワで番頭さんと呼ばれる村瀬邦男さんは、先代から技術を受け継いだ職人頭。もう五十年以上ここで金槌を握っている。長谷川家は、金属加工にかかわる職方として室町時代から続いている。代々、尾張徳川家のお抱え鍛金師で、刀の鍔《つば》を主に作っていたが、明治以降は茶道具をするようになった。自由な発想で造形する竹次郎さんの仕事を、村瀬さんが正確な職人技で支えている。

人と人とのつながりの中から形が生まれてくる

竹次郎さんは子どもの時から、自分はこの仕事を受け継ぐと、疑ったことがなかったという。僕は、竹次郎さんに、一種の天才のような何かを感じる。もともと先代のお弟子さんだったまみさんが、やがて長谷川家の嫁となる。銀行でお金をおろしたこともないという竹次郎さんを、内側からしっかりと支えるのがこの人。竹次郎さん、村瀬さん、まみさん、この三人が三巴となって初めて長谷川家の仕事が完成する。

コンクリート打ち放しの母屋は、吉柳満氏設計のモダン建築。二十年ほど前に知り合って以来、僕たち家族はここでまみさんの作る食事に何度呼ばれたことだろう。ホントおいしいよ。いつも上手にもてなしてくれる。まみさん自身が作る作品もある（一五二頁／一五三頁）。今、ヨーロッパ中世の修道院をイメージした器作りに熱くなっているらしい。跡継ぎの清吉君は、ロンドンのアートスクールに留学中。工房の前で、犬の銀ちゃんもその帰りを待ちわびている。

形の消えてゆく彼方を見据えて

正直言って、茶の湯の世界のことは、奥が深すぎて僕にはよく解らない。中をちょっと覗いてみると、そこには広大な宇宙があるし、外側から眺めていると、ひとつに凝り固まった小さな世界にも見える。とりあえず、僕はまだ外側をチョロチョロする程度だ。茶をいただいたり、茶事をして遊ぶのは楽しくていいけど、モノを創る人がその中にドップリ浸かっていては、つまらないと思っていた。竹次郎さんにはもう一つ、お茶の職方として代々受け継がれている、長谷川一望斎という名前がある。重いと思う。にもかかわらず、名前に縛られない自由な心が竹次郎さんにはあるのだろう。自分は、こういう生き方しかできないというのが、モノの形の中に入っている。従来のお茶に囚われず、古い壊れかかった容器に自分で蓋を作り、茶器にして楽しむ。

知らないとできない、知っていて嵌らない大きさ、知ってこそそれを崩せる力。そういうの格好いいよね。

林の中を彷徨う

一片の金属を、たたいて、たたいて、のばして、のばして、生まれてくるひとつのモノ。それは、とりあえず盃だったり、皿だったり、薬缶だったり、匙だったりするけれど、竹次郎さんが手の中から作り出すモノの、言い難い魅力について、これはいったいなんだろうと、考え続けてきた。僕も長い間、それを言葉にすることができなかった。仕事をしながら考えた。家の回りをグルグル歩き回った。お酒を飲んで話してみた。寝ながら考えた。そして、ある夜更け、ふと目が覚めたとき、モノを作ることの秘密のほんのハジッコが降りてきた。

人は、自由に形を作り出すことができると思っていた。今、僕が座っている周りをちょっと見回してみる。人が作り出した形のあるモノで溢れている。それらのほとんどは、何かの機能や役割にしたがって、形が作られている。形にはそれが作られた何らかの理由や意味がある。そんなたくさんの形あるモノに囲まれて、僕は今、退屈している。僕は、何をつまらなく思うんだろう。退屈なモノに囲まれて、日常はつまらないものなのか。つまらない日常にあり、時に生き生きとして存在を放つモノがあるのはなぜなんだろうか。それは、どこからやってくるのか。

ここからは、ちょっと感覚的すぎて、説明するのはとても難しいけれど仕方ない。形あるモノには、形になる前のモヤモヤッ、グッチャリした状態の時があって、人は、そこから無理矢理暴力的に形を作り出してしまう。その時、繊細に形を作り出す人ならば、きっと心のどこかに小さな痛みを感じる。形を作るとは、モノを目に見えるようにすること。そして、それに名前を与えることだ。だから、僕たちの身の回りの世界は、視覚的で、名前のあるモノに偏っている。フレーミングされた、外側に見えるものの価値が重要と思われる傾向がある。その時に、置き去りにされ、忘れられてきたのは、フレームの中に収まっているはずの、複雑で多様でつかみどころのない中身だ。それは、目には見えないけれど、五感のすべてで感じるものなのだ。その中身は、目に見える形を超えて、いろいろなモノとつながりあっている。だから、混沌としているけれど、何か生き生きとしたものが潜んでいる。なのに、形として、一度切り取られてしまうと、周りのモノすべてと隔絶したような、交わることのないモノになってしまう。その辛さが、わかってもらえるだろうか……。うーん、言葉ではなんだかうまく表せない。

とにかく僕が言いたいのは、竹次郎さんは、確かに手の中で何かを作っているけれど、切り取るように形を作るようなことをしていない気がするのだ。竹次郎さんの手の中では、人が作ったモノの形にまとわりついている、意図や意志が成立していない。それ以前の、形が生まれる前の形みたいなモノをそのまんま現実にする特別な力がある、としか思えない。

竹次郎さんは、言葉が少ない。何を、どのようにして作るのかという、僕の執拗な問いに、

「林の中をいつも彷徨っている」

と、ぽつりと答えた。その言葉の重さに、僕は、改めて気づく。作りたいモノも、形も竹次郎さんにはないのだ。それでも、竹次郎さんは、金槌を打ち続ける。毎日、毎日、あの部屋に座って、打ち続ける。それは、せせらぎの水の流れが絶えることのないかのようだ。流れによって、河原に丸い石が堆積する。その石の形には、機能も理由も意味もないけれど、すべてが美しい。同じように、竹次郎さんの手の中から、何かが生まれてくるのだ。

前回のリーさんの器を名古屋まで持って行き、竹次郎さんに見せてみた。竹次郎さんは、何の関心も示さない。リーさんの器は、明確な意志を持ち、形がキリリと強く切り取られている。竹次郎さんの作るモノと、まるで逆なのだ。それをどちらとも、イイと思うのは、僕の不思議な好みなのだ。竹次郎さんは、リーさんの器に茶味がないと言う。

「この器を、茶碗として使い込んでも、何も変化しないだろうから、つまらん」

と、一言。

お茶の世界のことを、僕はまだよく知らない。ただその世界の中で、大切にされている「侘び」にどこか惹かれている。僕の勝手な解釈では、「侘び」は、モノの形が壊れ、崩れ、消えていく、その先の世界を見据えている美意識なのだ。そんな奇妙な美学が、卓越的で洗練された文化の中心に据えられていることに、僕は驚愕するしかない。

長谷川家の茶席に入る。唐津の呼継《よびつぎ》、御本《ごほん》と、続けて茶を頂く。いずれも竹次郎さん愛蔵の茶碗。竹次郎さんが集め、仕事場を埋め尽くしている小物から、この茶碗まで、竹次郎さんの好みは、一貫している。ここにも自分の「好き」を見通すことのできる人がいるのだ。そこで、竹次郎さんの見つめているのは、やはり形の失われていく先の世界ではないかと、僕は想像する。そしてその世界は、どこか地層の深いところで、グルリと捻転して、形が生まれる前の世界と繋がっているのではないだろうか。妄想が広がる。

見渡すかぎり形あるモノばかりに埋めつくされたこの世は、何か仮初めで、表層的な世界にすぎないのではないか。そんな気にさせられる。

人がモノを作り出すこととは、実は本質的に不自由な事だったのではないか。なのに、なぜ、僕らはつくりつづけるのだろう。

かけがえのないもの　あとがきにかえて

ここまで読んで頂きありがとうございました。最後に、僕の友人の中でいちばん変わっている人を紹介しようと思います。

二〇〇〇年の初夏、能登半島の先端にある町の小さな宿で彼女と知り合いました。僕は、その宿に泊まる予定のお客さんを案内して、そのまま夕食をご馳走になりました。宿では、大きな囲炉裏を囲んで同宿の客がそろって食事することになっています。そのとき偶然いっしょになったもう一組のお客さんの一人が彼女だったのです。小柄で痩せた彼女は、背の高い外国人を同伴していました。外国人は、アメリカからやって来た大道芸人で、長崎のテーマパークでショーに出演したあと、羽田に戻る飛行機の機内誌で、紹介されていたこの宿に泊まってみたくなり、羽田から直接北陸へ飛んできたそうです。大道芸人は、日本の田圃に強い興味を持っていて、畦の作り方や、苗の育て方など細かな質問をしてきました。僕はそれが愉快で、次の日、彼女とともに自分の家に招待しました。アメリカに帰った大道芸人とは、その後会ったことはありませんが、彼女は頻繁に東京から能登へ遊びに来るようになりました。職業は、医科大学の研究医で、癌の免疫療法の研究をしているということでした。それともう一つ、エンバマーという仕事もしていました。僕もその時初めて聞かされたのですが、エンバミングというのは遺体の防腐保存技術のことです。エンバマーは、アメリカでの資格でその専門家です。完璧なエンバミングは、死後の肉体を永遠に保存することですが、よくある仕事は、葬儀までの時間がある場合の遺体保存や、事故や事件で損壊した遺体の修復です。また遺体の防腐処理だけではなく、化粧や着付けも行います。エンバマーにとっては、「ご遺体をいかに美しく仕上げるか」が大切なことです。そして彼女は、僕の仕事を充分に理解した上で、僕が器を作る時の美意識と、自分が遺体に施す美意識は同じものだと言ったのです。一度エンバミングの現場を見学に来ないかと誘われ、僕もその提案を承けましたが、残念なことに実現はしませんでした。その頃すでに、彼女は病を得ていました。白血病です。話をよく聞いてみると、医師の不養生ではなく、発病してから医科大学に入り国家試験に合格して医師になったとのことです。その間に何度か再発があって、そのたびアメリカで高額の治療を受け、まさしく蘇ってきました。エンバマーという仕事の選択もそんな中で行われていたのです。彼女が研究医になり、もう一つの仕事も選択した理由を僕は想像しました。やがて、彼女は会うたびに見た目にも衰えが目立つようになり、強度の治療のため何カ月間も意識がない時もありました。それでも目覚めると遊びにやって来ます。強い鬱にもなり、それも乗り越えました。最後には、体の自由もきかなくなり母親に付き添われて泊まっていきました。そのとき寿司をみんなにご馳走してくれました、僕の家族がご飯を食べているところを見たいと言って。彼女は意識を失っている間に「美しいもの」を見たと言いました。そしてそれは誰もが出会えるものだと。だからもう何の不安もないと。それがいったい何だったのか今では、聞くことが出来ません。生きているすべてのものは、流れ去り、失われ、消えていきます。誰もその大きな力をくい止めることは出来ません。それが手の中にあるのも、目に映るのもわずかな一瞬のことです。だからこそ、息を止めて、立ちつくすように、見つめつづけたいと思う。そのかけがえのないものを。

この本にかかわったすべての人に、深く感謝いたします。

二〇〇六年九月　　　　　　赤木明登

連絡先
個展やイベントなどの開催情報は各ＨＰでご確認ください。

小野哲平　早川ゆみ

各地に常設店もありますが、個展での活動がメインです。
高知県香美市香北町谷相松がうね２２２４
Fax. 0887-59-2254
http://www.une-une.com/
・常設店（小野哲平）／Zakka
東京都渋谷区神宮前 6-28-5 宮崎ビル地階
Fax. 03-3407-7003
・常設店（早川ゆみ）／菜の花　暮らしの道具店　次頁参照

つのだたかし

コンサートを開催するほか、アルバムも発表しています。
・ダウランド　アンド　カンパニイ
Tel. 04-2955-6652
http://www.linkclub.or.jp/~dowland

安藤雅信

百草では定期的に企画展が開かれています。
また、カフェが併設されています。
・ギャルリ百草
岐阜県多治見市東栄町 2-8-16
Tel. 0572-21-3368
http://www.momogusa.com/

ヨーガン・レール

全国の百貨店等にもショップがあります。
・株式会社ヨーガンレール（本社）
東京都江東区清澄 3-1-7
Tel. 03-3820-8805
http://www.jurgenlehl.jp/

真木千秋

各地のギャラリーでも作品を発表しています。
・真木テキスタイルスタジオ　竹林 shop
東京都あきる野市留原７０４
Tel. 042-595-1546
http://www.itoito.jp/

山口信博

本書のデザインも手がけています。
また折形デザイン研究所では
折形教室や本の出版などの活動をしています。
・折形デザイン研究所
東京都港区南青山 4-17-12　クレセント青山３０９
Tel. 03-5413-6877
http://www.origata.com/

松原隆一郎

経済、武道に関する著書があります。
・主な著書
『失われた景観』（PHP新書）
『分断される経済』（NHK出版）
『武道を生きる』（NTT出版）
http://homepage3.nifty.com/martialart/

仁城義勝

個展での発表をメインにしています。
左記へのお問い合わせは、
昼、もしくは夕方6時過ぎにお願いいたします。
・岡山県井原市西江原町賀山7689
Tel. 0866-62-7661

平松洋子

雑誌の連載や著書多数。旺盛な執筆活動をしています。
・主な著書
『台所道具の楽しみ』（新潮社）
『おいしいごはんのためならば』（世界文化社）
『買えない味』（筑摩書房）
・コート・ドール
東京都港区三田5-2-18　三田ハウス1F
Tel. 03-3455-5145
・馳走啐啄
東京都中央区銀座6-7-7　浦野ビル2F
Tel. 03-3289-8010

髙橋台一

和菓子は小田原、箱根にあるお店で買うことができます。
暮らしの道具店では早川ゆみさんなど本書に登場された方の作品や、
著者のぬりものも扱っています。
・菜の花　暮らしの道具店
神奈川県小田原市栄町1-4-5
Tel. 0465-22-2923
http://www.nanohana.co.jp/

李　英才

各地に常設店があります。個展も随時開かれています。
・Keramische Werkstatt Margaretenhöhe（マルガレーテンヘーエ工房）
Bullmannaue 19 45327 Essen Germany
Tel. +49-201-305080
・常設店／Hands On
東京都世田谷区上野毛2-12-21
Tel. 03-3703-0580

長谷川竹次郎　長谷川まみ

個展での活動をメインにしています。
・工房ハセガワ
愛知県名古屋市昭和区西畑町84
Tel. 052-762-7166

赤木明登　あかぎ・あきと

塗師《ぬし》。一九六二年岡山県生まれ。
中央大学文学部哲学科卒業後、
編集者を経て、八八年に輪島へ。
輪島塗の下地職人・岡本進のもとで修行、九四年に独立。
九七年、ドイツ国立美術館「日本の現代塗り物十二人」に、
二〇〇〇年には東京国立近代美術館
「うつわをみる　暮らしに息づく工芸」に選ばれる。
著書に『漆 塗師物語』（文藝春秋）、
共著に『茶の箱』（ラトルズ）。
各地で個展を開くほか、
著者のぬりものを常設しているお店が全国にあります。
詳細はホームページでご確認ください。
http://www.nurimono.net/

本書は季刊誌『住む。』
二〇〇二年夏号（二号）〜〇五年春号（十三号）に連載された
「美しいものって何だろう」に加筆修正したものです。

美《うつく》しいもの

著者／赤木明登《あかぎあきと》
写真／小泉佳春《こいずみよしはる》

発　行／二〇〇六年 十 月二十日
十一刷／二〇二三年十一月十五日
発行者／佐藤隆信
発行所／株式会社新潮社
住所／一六二－八七一一　東京都新宿区矢来町七一
電話／編集部　〇三－三二六六－五六一一
読者係　〇三－三二六六－五一一一
ＨＰ／http://www.shinchosha.co.jp
印刷所／ＴＯＰＰＡＮ株式会社
製本所／大口製本印刷株式会社

ISBN 978-4-10-302571-9 C0070